ABITUR TRAINING

Benl · Steets

Französisch

Textaufgaben zur Literatur

W0274550

STARK

ISBN: 3-89449-219-8

1. Auflage 1995

Inhalt

(Fortsetzung nächste Seite)

XXe siècle

Vorwort

Liebe Schülerin, lieber Schüler,

der vorliegende Trainingsband enthält repräsentative Textbeispiele aus vier Jahrhunderten französischer Literaturgeschichte. Er kann **unterrichtsbegleitend** eingesetzt werden sowie als Mittel zur **zielgerichteten**, **zeitsparenden** und **effektiven Vorbereitung** von **Klausuren**, **Prüfungen** und **Abitur**.

- Wie in den meisten Lehrplänen für die Grund- und Leistungskurse im Fach Französisch vorgesehen, liegt der Schwerpunkt auf der **Literatur des 20. Jahrhunderts**.
- **Einleitende Hinweise** und **zahlreiche Vokabelerklärungen** erleichtern die Einarbeitung in die Texte.
- Neben Fragen zum **Textverständnis** und zur **Textanalyse** bieten **Grammatik- und Übersetzungsübungen** eine rasche Möglichkeit der Stoffwiederholung und -vertiefung.
- **Ausführliche Lösungsvorschläge** im Anschluß an den Aufgabenteil sind eine Hilfe bei der Überprüfung von Textverständnis und Ausdrucksfähigkeit.
- **Punktangaben** für jede Aufgabe ermöglichen Ihnen, ökonomisch zu arbeiten und ein Gespür für die richtige Zeiteinteilung zu entwickeln.

Wir wünschen Ihnen viel Spaß und Erfolg bei der Arbeit mit dieser Aufgabensammlung. Möge der eine oder andere Text Sie anregen, sich näher mit dem jeweiligen Autor und dessen Werk zu beschäftigen.

Rotraud Benl
Dr. Angelika Steets

Molière: L'Avare

«L'Avare» (1668) compte parmi les grandes comédies de caractère que Molière, déjà malade, a écrites durant les dernières années de sa vie.
Harpagon, l'avare, un riche bourgeois parisien, veut organiser pour ses enfants, Cléante et Élise, des mariages d'intérêt. Il ignore que son fils est amoureux de la jeune et charmante Mariane et que sa fille s'est fiancée en secret avec Valère, gentilhomme à la recherche de sa famille qui s'est introduit chez Harpagon sous une fausse identité.

Acte I, scène 4. HARPAGON, ELISE, CLÉANTE.

HARPAGON. – Laissons cela, et parlons d'autre affaire. Euh? *(Bas, à part.)* Je crois qu'ils se font signe l'un à l'autre de me voler ma bourse. *(Haut.)* Que veulent dire ces gestes-là?
ELISE. – Nous marchandons, mon frère et moi, à qui parlera le premier, et nous avons tous deux quelque chose à vous dire.
HARPAGON. – Et moi, j'ai quelque chose aussi à vous dire à tous deux.
CLÉANTE. – C'est de mariage, mon père, que nous désirons vous parler.
HARPAGON. – Et c'est de mariage aussi que je veux vous entretenir.
ELISE. – Ah! mon père!
HARPAGON. – Pourquoi ce cri? Est-ce le mot, ma fille, ou la chose qui vous fait peur?
CLÉANTE. – Le mariage peut nous faire peur à tous deux, de la façon que vous pouvez l'entendre, et nous craignons que nos sentiments ne soient pas d'accord avec votre choix.
HARPAGON. – Un peu de patience. Ne vous alarmez point. Je sais ce qu'il faut à tous deux, et vous n'aurez ni l'un ni l'autre aucun lieu de vous plaindre de tout ce que je prétends faire. Et, pour commencer par un bout, avez-vous vu, dites-moi, une jeune personne appelée Mariane, qui ne loge pas loin d'ici?
CLÉANTE. – Oui, mon père.
HARPAGON, *à Élise*. – Et vous?
ELISE. – J'ai en ouï parler.
HARPAGON. – Comment, mon fils, trouvez-vous cette fille?
CLÉANTE. – Une fort charmante personne.
HARPAGON. – Sa physionomie?
CLÉANTE. – Tout honnête et pleine d'esprit.

HARPAGON. – Son air et sa manière?

CLÉANTE. – Admirables, sans doute.

HARPAGON. – Ne croyez-vous pas qu'une fille comme cela mériterait assez que l'on songeât à elle?

CLÉANTE. – Oui, mon père.

HARPAGON. – Que ce serait un parti souhaitable?

CLÉANTE. – Très souhaitable.

HARPAGON. – Qu'elle a toute la mine de faire bon ménage?

CLÉANTE. – Sans doute!

HARPAGON. – Et qu'un mari aurait satisfaction avec elle?

CLÉANTE. – Assurément.

HARPAGON. – Il y a une petite difficulté: c'est que j'ai peur qu'il n'y ait pas avec elle tout le bien qu'on pourrait prétendre.

CLÉANTE. – Ah! mon père, le bien n'est pas considérable lorsqu'il est question d'épouser une honnête personne.

HARPAGON. – Pardonnez-moi, pardonnez-moi! Mais ce qu'il y a à dire, c'est que, si l'on n'y trouve pas tout le bien qu'on souhaite, on peut tâcher de regagner cela sur autre chose.

CLÉANTE. – Cela s'entend.

HARPAGON. – Enfin je suis bien aise de vous voir dans mes sentiments, car son maintien honnête et sa douceur m'ont gagné l'âme et je suis résolu de l'épouser, pourvu que j'y trouve quelque bien.

CLÉANTE. – Euh?

HARPAGON. – Comment?

CLÉANTE. – Vous êtes résolu, dites-vous ...

HARPAGON. – D'épouser Mariane.

CLÉANTE. – Qui? Vous, vous?

HARPAGON. – Oui, moi, moi, moi! Que veut dire cela?

CLÉANTE. – Il m'a pris tout à coup un éblouissement, et je me retire d'ici.

HARPAGON. – Cela ne sera rien. Allez vite boire dans la cuisine un grand verre d'eau claire. Voilà de mes damoiseaux flouets qui n'ont non plus de vigueur que des poules! C'est là, ma fille, ce que j'ai résolu pour moi. Quant à ton frère, je lui destine une certaine veuve dont ce matin on m'est venu parler; et, pour toi, je te donne au seigneur Anselme.

ELISE. – Au seigneur Anselme?

HARPAGON. – Oui. Un homme mûr, prudent et sage, qui n'a pas plus de cinquante ans, et dont on vante les grands biens.

ELISE, *faisant une révérence.* – Je ne veux point me marier, mon père, s'il vous plaît.

HARPAGON, *contrefaisant sa révérence.* – Et moi, ma petite fille, ma mie, je veux quc vous vous mariiez, s'il vous plaît.

ELISE. – Je vous demande pardon, mon père.

HARPAGON. – Je vous demande pardon, ma fille.

ELISE. – Je suis très humble servante au seigneur Anselme, mais, avec votre permission, je ne l'épouserai point.

HARPAGON. – Je suis votre très humble valet; mais, avec votre permission, vous l'épouserez dès ce soir.

ELISE. – Dès ce soir?

HARPAGON. – Dès ce soir.

ELISE. – Cela ne sera pas, mon père.

HARPAGON. – Cela sera, ma fille.

ELISE. – Non.

HARPAGON. – Si.

ELISE. – Non, vous dis-je.

HARPAGON. – Si, vous dis-je.

ELISE. – C'est une chose où vous ne me réduirez point.

HARPAGON. – C'est une chose où je te réduirai.

ELISE. – Je me tuerai plutôt que d'épouser un tel mari.

HARPAGON. – Tu ne te tueras point, et tu l'épouseras. Mais voyez quelle audace! A-t-on jamais vu une fille parler de la sorte à son père?

ELISE. – Mais a-t-on jamais vu un père marier sa fille de la sorte?

HARPAGON. – C'est un parti où il n'y a rien à redire, et je gage que tout le monde approuvera mon choix.

ELISE. – Et moi, je gage qu'il ne saurait être approuvé d'aucune personne raisonnable.

HARPAGON. – Voilà Valère. Veux-tu qu'entre nous deux nous le fassions juge de cette affaire?

ELISE. – J'y consens.

HARPAGON. – Te rendras-tu à son jugement?

ELISE. – Oui, j'en passerai par ce qu'il dira.

HARPAGON. – Voilà qui est fait.

Scène 5. VALERE, HARPAGON, ELISE.

HARPAGON. – Ici, Valère. Nous t'avons élu pour nous dire qui a raison de ma fille ou de moi.

VALÈRE. – C'est vous, monsieur, sans contredit.

HARPAGON. – Sais-tu bien de quoi nous parlons?

VALÈRE. – Non. Mais vous ne sauriez avoir tort, et vous êtes toute raison.

HARPAGON. – Je veux ce soir lui donner pour époux un homme aussi riche que sage, et la coquine me dit au nez qu'elle se moque de le prendre. Que dis-tu de cela?

VALÈRE. – Ce que j'en dis?

HARPAGON. – Oui.

VALÈRE. – Eh! eh!

HARPAGON. – Quoi?

VALÈRE. – Je dis que dans le fond je suis de votre sentiment, et que vous ne pouvez pas que nous n'ayez raison; mais aussi n'a-t-elle pas tort tout à fait, et ...

HARPAGON. – Comment! Le seigneur Anselme est un parti considérable, c'est un gentilhomme qui est noble, doux, posé, sage et fort accommodé, et auquel il ne reste aucun enfant de son premier mariage. Saurait-elle mieux rencontrer?

VALÈRE. – Cela est vrai; mais elle pourrait vous dire que c'est un peu précipiter les choses et qu'il faudrait au moins quelque temps pour voir si son inclination pourra s'accommoder avec ...

Extrait de: MOLIÈRE, *L'Avare*, Paris, Librairie Larousse (Nouveaux Classiques Larousse) 1971, p. 35–39.

Annotations

16: *avoir lieu de:* avoir une raison de; 32: *un parti (souhaitable):* personne à marier, considérée du point de vue des avantages financiers; 34: *faire bon ménage:* s'entendre bien avec; 46: *être bien aise de:* être très heureux de; 47: *le maintien:* manière habituelle de se comporter en société; 55: *l'éblouissement* (m.): trouble momentané; 57: *damoiseaux flouets:* jeunes gens sans vigueur; 66: *ma mie:* (fausse orthographe pour) m'amie; 82: *réduire: ici* forcer; 88: *gager:* parier (wetten); 96: *en passer par là:* sich nicht entziehen; 104: *le coquin, la coquine:* personne d'une moralité douteuse; 114: *accommodé, e:* dans l'aisance (in guten Verhältnissen)

Devoirs

Questions sur le texte

Compréhension du texte

1. Caractérisez Harpagon en tant que père. 20
2. Expliquez le malentendu entre Harpagon et Cléante. 10
3. Comment l'avarice d'Harpagon se révèle-t-elle dans la scène 4? 20
4. Comment Cléante et Élise réagissent-ils aux décisions de leur père concernant leurs mariages? 20

Commentaire de texte

5. Etudiez les effets comiques du dialogue entre Élise et son père. 10
6. Commentez l'attitude de Valère en tant qu'arbitre. 10
7. Imaginez ce que ressent Élise quand elle entend les paroles de Valère. 10

Commentaire personnel **40**

8. Exposez, en dix phrases environ, vos idées sur **un** des sujets suivants.
   a) Les pièces de Molière comptent parmi les plus jouées. Essayez d'expliquer ce phénomène.
   b) Etudier une œuvre littéraire classique dans une langue étrangère – est-ce que cela vaut l'effort?
   c) Quelle est l' œuvre littéraire française qui vous a le plus impressionné(e)?
   d) Malgré les mass-médias, le théâtre n'a pas perdu sa fascination. Expliquez pourquoi.

Grammaire **20**

9. Complétez et modifiez le texte suivant selon les indications données; écrivez en entier le texte modifié en changeant l'ordre des mots là où ce sera nécessaire et en respectant l'accord. Il faut:
   /1/ mettre le mot entre parenthèses à la forme voulue par le contexte;
   /2/ remplacer les mots soulignés par un pronom;
   /3/ mettre en relief l'expression soulignée;
   /4/ remplacer l'expression soulignée par une autre construction;
   /5/ mettre le pronom relatif;
   /6/ mettre la préposition.

Molière
Si bien reglé qu'il (être) /1/, le comique de Molière est rarement gratuit; (1)
on n'explique pas tout entier le comique /2/ par un jeu (pur) /1/ formel. (1)(1)
En peignant les hommes /3/, Molière montre la profondeur de son (1)
comique. Il soulève un rire sans retenue quand il met /4/ au jour le ridi- (1)
cule inhérent à certains vices et à certaines passions. Au théâtre,
comme dans l'existence courante, nous rions, non d'une tare physique,
... /5/ on est victime, sans être responsable de cette tare /2/, mais d'une (1)(1)
manie inoffensive ou même d'un vice funeste, si toutefois le person-
nage ... /5/ en est affligé nous paraît digne de notre pitié. (1)
L'habileté de Molière consiste ... /6/ rendre son personnage (suffisant) (1)
/1/ déplaisant ou bizarre pour que nous (pouvoir) /1/ considérer ses (1)(1)
aventures avec un certain détachement. (Affranchir) /1/, au moins (2)
(partiel) /1/, d'une sympathie qui pourrait gâter notre joie, nous rions (1)
des personnages comiques, parce qu'ils illustrent à nos yeux une fai-
blesse humaine ... /5/ nous pensons être exempts. Si nous voyons /4/ (1)(1)
des hommes ainsi (affliger) /1/ de disgrâces, nous nous félicitons (2)
d'échapper à ces disgrâces /2/ et il est naturel que notre réaction (être) (1)
/1/ joyeuse. (1)

D'après: P. CASTEX, P. SURER, *Manuel des Etudes Littéraires Françaises III, XVIIe siècle*, Paris (Hachette) 1947, p. 127.

Version **50**

10. Traduisez le texte suivant.

Les spectateurs qui s'esclaffaient dès que Molière apparaissait sur scène auraient sans doute été surpris en découvrant que, quelque cent cinquante ans plus tard, on ne riait plus des comédies qui les avaient tant amusés. Les romantiques du XIXe siècle croyaient retrouver dans le théâtre de Molière le reflet de sa vie, marquée, il est vrai, par bien des malheurs: soucis conjugaux, professionnels ... Alfred de Musset parle bien de la «gaieté» de Molière, mais elle lui semble «... si triste et si profonde que lorsqu'on vient d'en rire, on devrait en pleurer». Aujourd'hui encore, Jean-Louis Barrault, acteur et metteur en scène, déclare: «Les comédies de Molière sont plus attristantes que les tragédies de Racine».

Molière aurait-il donc composé un drame qui tourne court grâce à un invraisemblable concours de circonstances? Cette interprétation sombre de *l'Avare* ne nous paraît pas respecter les intentions réelles de Molière: ne pas décevoir un public venu avant tout pour rire. Certes, *l'Avare* contient tous les éléments d'un drame, mais une remarque s'impose: un sujet peut, selon la manière dont il est traité, devenir comique ou tragique: un jeune homme qui frappe violemment un vieillard, c'est un fait divers qui provoque l'indignation. Mais on s'en amuse si ces coups ne s'abattent pas sur un homme, mais sur un pantin ridicule.

Extrait de: SYLVIE et JACQUES DAUVIN, *Molière, Profil d'une œuvre*, Paris (Hatier) 1979, p. 26/27.

Propositions de solution

Questions sur le texte

1. Harpagon est un homme autoritaire, tyrannique qui impose à chacun sa volonté et qui soumet même ses enfants à son avarice maladive.
   Quand Élise et Cléante arrivent pour lui confier leurs projets de mariage, il guette tous leurs gestes soupçonnant toujours un complot contre son argent.
   Dès que ses enfants commencent à lui parler de leurs intentions, il leur coupe la parole prétendant mieux savoir ce dont ils ont besoin.
   Dans son égoïsme vaniteux il ne se rend même pas compte à quel point son fils est affolé en apprenant sa décision d'épouser la jeune Mariane et il le congédie d'une remarque froide et cynique. Son manque de sensibilité et son besoin de dominer vont encore plus loin vis-à-vis de sa fille Élise: il lui dicte ses conditions et attend qu'elle lui obéisse sans contredire. A ses yeux, seul Valère qui le flatte mérite d'être estimé et écouté.
   Aveuglé par sa seule passion, l'argent, Harpagon est donc incapable d'être un père compréhensif et responsable.

2. Au moment où Harpagon parle – d'une manière encore très générale – de ses projets concernant l'avenir de ses enfants, il mentionne le nom de Mariane ne sachant pas que son fils est amoureux de cette jeune femme. Il lui demande son avis à propos de Mariane, et Cléante fait tout pour mettre en relief sa beauté et ses qualités. Pour une fois, il se sent tout à fait d'accord avec son père et est sûr d'obtenir le consentement à son mariage. Il est donc totalement déconcerté quand il comprend qu'en parlant de Mariane le vieil Harpagon avait pensé à son propre mariage, et pas à celui de son fils.

3. A part la peur constante d'être volé qui détermine tous ses contacts, il y a dans cette scène plusieurs moments particulièrement révélateurs qui dévoilent la grande préoccupation de cet homme. Le seul doute qu'il nourrisse vis-à-vis de Mariane est qu'elle ne soit pas suffisamment dotée de biens. Et conformément à l'idée qu'un mariage sert surtout à augmenter la fortune, il a choisi le riche vieillard Anselme comme mari de sa fille.
   Mais c'est aussi dans les petits détails de la vie quotidienne qu'Harpagon fait preuve d'une avarice ridicule: lorsqu'il voit son fils près de s'évanouir sous le

choc de la nouvelle concernant Mariane, il lui conseille d'aller boire «un grand verre d'eau claire» (l. 56/57), remède qui lui semble efficace parce qu'il ne lui coûte rien.

4. Cléante et Élise réagissent d'une manière très différente aux décisions de leur père. Cléante, de caractère calme et modéré, n'est guère capable d'exprimer son épouvante. Au lieu de se révolter contre son père et de lutter pour son amour, il dirige sa déception contre lui-même; ses forces physiques le quittent et il s'enfuit.
   Élise est plus courageuse et défend avec plus de conviction ses propres intérêts. Contrairement à son frère, elle n'évite pas la confrontation directe avec son père, mais le contredit énergiquement. C'est elle qui a le dernier mot et qui pousse Harpagon à proposer Valère comme arbitre.

5. Les effets comiques du dialogue entre Élise et son père reposent sur le principe du parallélisme et de l'opposition.
   Ce parallélisme s'exprime déjà dans les gestes: «faisant une révérence» (l. 64) – «contrefaisant sa révérence» (l. 66). Après cette 'ouverture', une fulgurante lutte verbale commence où deux adversaires égaux se lancent des paroles comme des coups de pistolet, reprenant les mots de l'autre et les retournant.

6. Valère qui aime Élise ne fait au premier abord rien pour soutenir la position de la jeune fille. Au contraire, le spectateur est étonné de l'entendre prendre sans hésitation le parti d'Harpagon. Ce n'est que quand celui-ci devient plus concret que Valère adopte une attitude plus diplomatique. Tout en continuant de flatter le vieil homme il exprime de la compréhension pour le comportement d'Élise et essaie de gagner du temps pour elle.

7. Élise, qui n'a pas hésité à accepter Valère comme juge, doit être choquée par les premières paroles de son fiancé et par son attitude servile. Son balbutiement au moment où il apprend les projets d'Harpagon n'est pas non plus fait pour dissiper les doutes de la jeune fille. Même ses propos diplomatiques sont probablement décevants pour elle, car elle s'est certainement attendue à ce qu'il prenne sa défense sans réserve.

Commentaire personnel

8. a) – Molière a créé des caractères immortels.
   - Il dénonce des vices et des défauts foncièrement humains, pas seulement ceux qui relèvent de son époque.
   - En même temps il a beaucoup de compréhension pour les faiblesses humaines.
   - Ses procédés comiques sont d'une richesse inépuisable (comique de caractère, de mœurs, de situation, éléments de farce, jeux de mots, quiproquos).
   - Il instruit en divertissant.

   b) La lecture d'une œuvre classique en langue étrangère est difficile (distance historique et problèmes de langue). Mais cela vaut l'effort parce que
   - la littérature classique fait partie de la culture générale;
   - la lecture d'une œuvre classique nous familiarise avec une autre époque et une langue particulièrement soutenue;
   - une telle lecture permet de mieux comprendre la nature humaine;
   - elle fait contrepoids aux banalités de la vie quotidienne;
   - elle demande aussi un effort de concentration et de persévérance, qualités qui risquent de disparaître.

   c) Réponses individuelles

   d) – Une soirée théâtrale est un événement qui sort de l'ordinaire.
   - Chaque représentation est une performance unique.
   - Le théâtre est un art très complexe qui comprend décors, costumes, musique, lumière, jeu des acteurs.
   - Le contact direct entre acteurs et spectateurs crée une atmosphère très intense.
   - Les paroles et les gestes qu'on suit directement transmettent le mieux le sens d'une pièce de théâtre.
   - Une mise en scène au théâtre est souvent plus innovatrice qu'un téléfilm.

Grammaire

9. Molière

Si bien reglé qu'il soit, le comique de Molière est rarement gratuit; on ne l'explique pas tout entier par un jeu purement formel.

C'est en peignant les hommes que Molière montre la profondeur de son comique. Il soulève un rire sans retenue en mettant au jour le ridicule inhérent à certains vices et à certaines passions.

Au théâtre, comme dans l'existence courante, nous rions, non d'une tare physique, dont on est victime, sans en être responsable, mais d'une manie inoffensive ou même d'un vice funeste, si toutefois le personnage qui en est affligé nous paraît digne de notre pitié.

L'habileté de Molière consiste à rendre son personnage suffisamment déplaisant ou bizarre pour que nous puissions considérer ses aventures avec un certain détachement. Affranchis, au moins partiellement, d'une sympathie qui pourrait gâter notre joie, nous rions des personnages comiques, parce qu'ils illustrent à nos yeux une faiblesse humaine dont nous pensons être exempts. En voyant des hommes ainsi affligés de disgrâces, nous nous félicitons d'y échapper et il est naturel que notre réaction soit joyeuse.

Version

10. Die Zuschauer, die sich vor Lachen bogen, sobald Molière auf der Bühne erschien, wären zweifellos erstaunt gewesen, wenn sie erfahren hätten, daß man etwa 150 Jahre später nicht mehr über die Komödien lachte, die sie so amüsiert hatten. Die Romantiker des 19. Jahrhunderts glaubten in Molières Theater ein Spiegelbild seines Lebens zu finden, das sicher von viel Unglück geprägt war: Probleme in der Ehe, im Beruf ...

Alfred de Musset spricht zwar von der "Heiterkeit" Molières, aber sie scheint ihm "so traurig und so tiefgründig, daß man, wenn man gerade über sie gelacht hat, (eigentlich) über sie weinen müßte". Noch heute erklärt Jean-Louis Barrault, Schauspieler und Regisseur: "Die Komödien von Molière sind viel trauriger (niederdrückender) als die Tragödien von Racine."

Sollte Molière also ein Drama geschrieben haben, das aufgrund des unwahrscheinlichen Zusammentreffens der Umstände plötzlich umkippt? Diese düstere Interpretation des "Geizigen" scheint an den wirklichen Absichten Molières vorbeizugehen (scheint uns ... nicht zu berücksichtigen): ein Publikum nicht zu enttäuschen, das vor allem gekommen ist, um zu lachen. "Der Geizige" enthält zwar alle Elemente eines Dramas, aber man muß bedenken: ein Gegenstand kann, je nachdem wie er behandelt wird, komisch oder tragisch werden: ein junger Mann, der heftig auf einen Greis einprügelt, ist ein Vorkommnis, das Empörung hervorruft. Aber man amüsiert sich darüber, wenn diese Schläge nicht einen Menschen treffen, sondern einen lächerlichen Hampelmann.

Mme de La Fayette: La Princesse de Clèves

«La Princesse de Clèves» (1678) de Mme de La Fayette est une date dans l'histoire des lettres: c'est le premier des grands romans psychologiques de la littérature française. Le mérite de son auteur est d'avoir su concilier la tradition précieuse avec la réalité historique de la cour d'Henri II et l'analyse approfondie des sentiments. Ce mince ouvrage est le chef-d'œuvre du roman classique qui – par le goût de la grandeur morale et la peinture de la passion – se rapproche des tragédies de Corneille et de Racine.
Mademoiselle de Chartres, jeune fille d'une beauté parfaite et d'une vertu remarquable, a épousé très jeune le prince de Clèves, homme pour qui elle éprouve de l'estime et de la reconnaissance, mais pas de l'amour. Peu de temps après son mariage, un grand bal a lieu au Louvre lors des fiançailles d'une fille du roi Henri II. C'est à cette occasion qu'on attend également le retour du duc de Nemours à Paris, prince le plus brillant de son époque dont Mme de Clèves a entendu parler «comme de ce qu'il y avait de mieux fait et de plus agréable à la cour», mais qu'elle n'a jamais rencontré auparavant.

Il arriva la veille des fiançailles. Il alla chez les reines. Mme de Clèves n'y était pas, de sorte qu'elle ne le vit point et ne sut pas même qu'il fût arrivé.

Elle passa tout le jour des fiançailles chez elle à se parer, pour se trouver le soir au bal et au festin royal qui se faisait au Louvre. Lorsqu'elle arriva, l'on admira sa beauté et sa parure; le bal commença et, comme elle dansait avec M. de Guise, il se fit un assez grand bruit vers la porte de la salle, comme de quelqu'un qui entrait et à qui on faisait place. Mme de Clèves acheva de danser et, pendant qu'elle cherchait des yeux quelqu'un qu'elle avait dessein de prendre, le roi lui cria de prendre celui qui arrivait. Elle se tourna et vit un homme qu'elle crut d'abord ne pouvoir être que M. de Nemours, qui passait par-dessus quelques sièges pour arriver où l'on dansait. Ce prince était fait d'une sorte qu'il était difficile de n'être pas surpris de le voir quand on ne l'avait jamais vu, surtout ce soir-là, où le soin qu'il avait pris de se parer augmentait encore l'air brillant qui était dans sa personne; mais il était difficile aussi de voir Mme de Clèves pour la première fois sans avoir un grand étonnement.

M. de Nemours fut tellement surpris de sa beauté que, lorsqu'il fut proche d'elle, et qu'elle lui fit la révérence, il ne put s'empêcher de donner des marques de son admiration. Quand ils commencèrent à danser, il s'éleva dans la salle un murmure de louanges. Le roi et les reines se souvinrent qu'ils ne s'étaient jamais vus, et trouvèrent quelque chose de singulier de les voir danser ensemble sans se connaître. Ils les appelèrent quand ils eurent fini sans leur donner le loisir de parler à personne et leur demandèrent s'ils n'avaient pas bien envie de savoir qui ils étaient, et s'ils ne s'en doutaient point.

«Pour moi, Madame, dit M. de Nemours, je n'ai pas d'incertitude; mais comme Mme de Clèves n'a pas les mêmes raisons pour deviner qui je suis que celle que j'ai pour la reconnaître, je voudrais bien que Votre Majesté eût la bonté de lui apprendre mon nom.

– Je crois, dit Mme la Dauphine, qu'elle le sait aussi bien que vous savez le sien.

– Je vous assure, Madame, reprit Mme de Clèves, qui paraissait un peu embarrassée, que je ne devine pas si bien que vous pensez.

– Vous devinez fort bien, répondit Mme la Dauphine; et il y a même quelque chose d'obligeant pour M. de Nemours à ne vouloir pas avouer que vous le connaissez sans l'avoir jamais vu.»

La reine les interrompit pour faire continuer le bal; M. de Nemours prit la reine dauphine. Cette princesse était d'une parfaite beauté et avait paru telle aux yeux de M. de Nemours avant qu'il allât en Flandre; mais, de tout le soir, il ne put admirer que Mme de Clèves.

Le chevalier de Guise, qui l'adorait toujours, était à ses pieds, et ce qui se venait de passer lui avait donné une douleur sensible. Il le prit comme un présage que la fortune destinait M. de Nemours à être amoureux de Mme de Clèves.

Mme de Clèves revint chez elle l'esprit si rempli de tout ce qui s'était passé au bal que, quoiqu'il fût fort tard, elle alla dans la chambre de sa mère pour lui en rendre compte; et elle lui loua M. de Nemours avec un certain air qui donna à Mme de Chartres la même pensée qu'avait eue le chevalier de Guise.

Les jours suivants, elle le vit chez la reine dauphine, elle le vit jouer à la paume avec le roi, elle le vit courre la bague, elle l'entendit parler; mais elle le vit toujours surpasser de si loin tous les autres et se rendre tellement maître de la conversation dans tous les lieux où il était, par l'air de sa personne et par l'agrément de son esprit, qu'il fit, en peu de temps, une grande impression dans son cœur, de sorte que, se voyant souvent, et se voyant l'un et l'autre ce qu'il y avait de plus parfait à la cour, il était difficile qu'ils ne se plussent infiniment.

La passion de M. de Nemours pour Mme de Clèves fut d'abord si violente qu'elle lui ôta le goût et même le souvenir de toutes les personnes qu'il avait aimées et avec qui il avait conservé des commerces pendant son absence. Il allait souvent chez la reine dauphine, parce que Mme de Clèves y allait souvent, et il n'était pas fâché de laisser imaginer ce que l'on avait cru de ses sentiments pour cette reine. Mme de Clèves lui paraissait d'un si grand prix qu'il se résolut de manquer plutôt à lui donner des marques de sa passion que de hasarder de la faire connaître au public. Il n'en parla pas même au vidame, qui était son ami intime, et pour qui il n'avait rien de caché. Il prit une conduite si sage et s'observa avec tant de soin que personne ne le soupçonna d'être amoureux de Mme de Clèves, que le chevalier de Guise; et elle aurait eu peine à s'en apercevoir elle-même, si l'inclination qu'elle avait pour lui ne lui eût donné une attention particulière pour ses actions, qui ne lui permit pas d'en douter.

Elle ne se trouva pas la même disposition à dire à sa mère ce qu'elle pensait des sentiments de ce prince qu'elle avait eue à lui parler de ses autres amants; sans avoir un dessein formé de le lui cacher, elle ne lui en parla point. Mais Mme de Chartres ne le voyait que trop, aussi bien que le penchant que sa fille avait pour lui. Cette connaissance lui donna une douleur sensible; elle jugeait bien le péril où était cette jeune personne d'être aimée d'un homme fait comme M. de Nemours, pour qui elle avait de l'inclination.

Elle n'avait pas voulu laisser voir à sa fille qu'elle connaissait ses sentiments pour ce prince, de peur de se rendre suspecte sur les choses qu'elle avait envie de lui dire. Elle se mit un jour à parler de lui; elle lui en dit du bien et y mêla beaucoup de louanges empoisonnées sur la sagesse qu'il avait d'être incapable de devenir amoureux et sur ce qu'il ne se faisait qu'un plaisir et non pas un attachement sérieux du commerce des femmes. «Ce n'est pas, ajouta-t-elle, que l'on ne l'ait soupçonné d'avoir une grande passion pour la reine dauphine; je vois même qu'il y va très souvent, et je vous conseille d'éviter, autant que vous pourrez, de lui parler, et surtout en particulier, parce que, Mme la Dauphine vous traitant comme elle fait, on dirait bientôt que vous êtes leur confidente, et vous savez combien cette réputation est désagréable.

Extrait de: MME DE LA FAYETTE, *La Princesse de Clèves*, hrsg. v. NORA SCHEITGEN (nach der 1960 erschienenen Neuauflage der Librairie Armand Colin, Paris), Bielefeld, Berlin, Hannover, (Velhagen und Klasing) (Französischer Lesebogen 438) o. J., p. 13–16.

Annotations

3: *se parer:* sich schmücken; 4: *le festin:* repas abondant; 20: *la louange:* action de louer; 24: *se douter de:* deviner, imaginer; 35: *obligeant, e: ici* flatteur (schmeichelhaft); 38: *la dauphine: autrefois* la femme du dauphin (fils aîné du roi de France); 43: *le présage:* signe d'après lequel on pense prévoir l'avenir; 51: *la paume:* jeu de balle au mur; *courre:* ancien infinitif de «courir»; *courre la bague:* Reifenspiel spielen; 54: *l'agrément* (m.): attrait, charme; 60: *les commerces* (m.): relations sociales; 65: *hasarder:* risquer; 66: *le vidame:* officier; 74: *le dessein:* l'intention; 75/76: *le penchant:* inclination naturelle (Neigung); 89: *la confidente:* Vertraute

Devoirs

Questions sur le texte

Compréhension du texte

1. Comment l'entrée en scène du duc de Nemours est-elle préparée par l'auteur? (l. 5–9) 10
2. Par quels détails Mme de Lafayette met-elle en évidence le fait que Mme de Clèves et le duc de Nemours sont destinés l'un à l'autre? Référez-vous aux deux premiers paragraphes. 20
3. Décrivez et expliquez la réaction du chevalier de Guise. 10
4. Analysez la stratégie de la mère qui a deviné les sentiments de sa fille pour le duc de Nemours. 20

Commentaire de texte

5. Caractérisez la manière de parler des membres de la cour. (l. 26–36) 10
6. Par quels procédés de style Mme de Lafayette fait-elle ressortir le fait que Mme de Clèves n'a d'yeux que pour le duc de Nemours? (l. 50–57) 10
7. Pourquoi, à votre avis, le duc de Nemours fait-il tout pour cacher sa passion à la cour? 10
8. Imaginez comment Mme de Clèves réagit aux paroles de sa mère. 10

Commentaire personnel **40**

9. Exposez, en dix phrases environ, vos idées sur **un** des sujets suivants.
   a) Expliquez pourquoi les amours des familles royales exercent toujours une telle attraction.
   b) Cacher ses sentiments ou les exprimer librement? Discutez ces deux possibilités de vivre sa vie sentimentale.

c) A la question «A l'heure actuelle, estimez-vous qu'une femme peut vraiment réussir sa vie sans vivre en couple?» (sondage effectué pour «Le Nouvel Observateur» en 1990) 82 % des Françaises ont répondu «oui». Discutez ce résultat en donnant aussi votre opinion personnelle.
d) Pesez le pour et le contre de la libération sexuelle.

Grammaire **20**

10. Complétez et modifiez le texte suivant selon les indications données; écrivez en entier le texte modifié en changeant l'ordre des mots là où ce sera nécessaire et en respectant l'accord. Il faut:
    /1/ remplacer l'expression soulignée par une autre construction;
    /2/ mettre le mot entre parenthèses à la forme voulue par le contexte;
    /3/ remplacer les mots soulignés par un pronom;
    /4/ mettre le pronom relatif.

L'art épistolaire au XVIIe siècle
Madame de Sévigné (1626–1696), veuve à 25 ans, qui avait /1/ un fils (1)
et une fille, entretient pendant nombre d'années une correspondance
avec sa famille et ses amis.
La Marquise est ce type de grande dame du siècle de Louis XIV qui
savait allier l'orgueil de la naissance à (infini) /2/ de charme et un (1)
savoir étendu. Ses «Lettres», qui d'abord n'étaient pas destinées à
(publier) /2/, sont remplies de ses réflexions et de ses sentiments per- (2)
sonnels.
La lettre avait à l'époque des caractères bien différents selon qu'elle
(pratiquer) /2/ par des mondaines ou par des écrivains. Ces derniers (2)
faisaient de la lettre /3/ une œuvre artificielle, soigneusement (élaborer) (1)
/2/ et (obeïr) /2/ à des règles précises. Pour les gens du monde, elle était (2)(1)
une forme d'expression spontanée qu'on soumettait /1/ aux seuls (2)
impératifs de la civilité et de l'art de plaire. La correspondance de Mme
de Sévigné entre dans la catégorie de ces lettres galantes ... /4/ les (1)
salons avaient mise à la mode. Elle présente toutes les qualités que l'on
exigeait /1/ dans ces productions pour le plaisir du lecteur: de (2)
l'enjouement de l'esprit, un art de jouer (plaisant) /2/ avec les idées et (1)
les sentiments. A quoi la marquise ajoutait une façon (tout) /2/ per- (1)
sonnelle de se mettre dans ses écrits et d'exprimer dans ses écrits /3/ sa (1)
relation à autrui. Jusqu'à Louis XIV on était unanime pour apprécier le
style personnel de la marquise avec les règles que la société (s'imposer,
plus-que-parfait) /2/. (2)

D'après: «La dernière nouvelle de Paris», dans: *La Civilisation Française II: La Littérature Française*, Frankfurt a. M. (Hirschgraben) 1976, p. 78 s.

Version **50**

11. Traduisez le texte suivant.

Madame de La Fayette
En 1678, les lecteurs avaient le choix entre des romans de deux espèces: le roman proprement dit, long, compliqué, surchargé d'intrigues secondaires et consacré à des personnages fictifs; ou la courte chronique historique, largement romancée, centrée autour d'un personnage réel et relativement récent.
La Princesse de Clèves de Madame de La Fayette se situe à égale distance entre les deux genres: les héros principaux ont réellement vécu, même s'ils n'ont pas connu les aventures que l'auteur va leur prêter. L'action se situe à la cour d'Henri II; l'atmosphère du 16e siècle, quoiqu'on en ait dit, est clairement perceptible; et le roi, la reine, la favorite royale et les princes du sang jouent dans l'intrigue des rôles importants. D'autre part, l'œuvre est courte. Mais l'évolution sentimentale des deux héros, certains épisodes et le dénouement rappellent les romans de l'époque précieuse.
On a quelquefois voulu voir dans ce roman une autobiographie déguisée. En effet, Madame de La Fayette s'est très vite séparée d'un mari qu'elle n'aimait pas, et elle a partagé pendant plus de vingt-cinq ans la vie du duc de La Rochefoucauld, auteur des *Maximes*. Mais il y a peu d'analogies entre un amour refréné dont on meurt et cette longue et paisible liaison connue et approuvée de tous.

Extrait de: HERBERT CHRIST, INGEBORG CHRIST, JACQUES NATHAN (Hg.), *Les Grands Écrivains, Anthologie de la prose et du théâtre français*, Berlin und Bielefeld (Velhagen & Klasing) 1966, p. 51.

Propositions de solution

Questions sur le texte

1. Lors des fiançailles d'un membre de la famille royale, un grand bal qui réunit la société mondaine de l'époque a lieu dans les salles du Louvre. Mme de Clèves est en train de danser avec M. de Guise, lorsque tout à coup son attention est attirée par un bruit venant de la porte d'entrée. La réaction des invités semble annoncer l'arrivée d'un personnage important auquel on cède la place. Prise de curiosité, Mme de Clèves cesse de danser.

2. Quand Mme de Clèves cherche un autre danseur, le roi lui désigne le nouveau venu. Dès l'apparition de celui-ci elle est sûre qu'il s'agit du duc de Nemours, quoiqu'elle ne l'ait jamais vu. Lui aussi, il est si fasciné à la vue de cette belle femme qu'il exprime spontanément son ravissement. Toute la société mondaine les considère comme deux êtres parfaits, et quand ils dansent, ils suscitent l'admiration unanime.
   Le roi et les reines, sachant que le duc et Mme de Clèves se voient pour la première fois, sont conscients d'être témoins d'une rencontre exceptionnelle et désirent leur parler et les présenter l'un à l'autre.

3. Le chevalier de Guise se tient près de Mme de Clèves et, comme il est amoureux d'elle, la scène qu'il vient d'observer suscite sa jalousie et le fait beaucoup souffrir. Sa douleur est d'autant plus vive qu'il est convaincu que l'amour du duc pour Mme de Clèves est prévu par le destin.

4. Mme de Chartres qui se rend compte que sa fille est amoureuse du duc de Nemours veut à tout prix la détourner de cette passion. Ne croyant pas pouvoir lui parler ouvertement, elle recourt à la ruse: Elle vante les qualités extraordinaires du duc et en même temps elle prétend admirer sa faculté de ne pas prendre l'amour au sérieux. Pour lui, l'amour ne serait qu'un divertissement.
   En plus, Mme de Chartres fait croire à sa fille que le duc de Nemours a une liaison amoureuse avec la reine dauphine. Elle lui déconseille donc des contacts trop étroits avec Mme la Dauphine pour ne pas risquer de compromettre sa bonne renommée.

5. Les membres de la cour utilisent un langage soutenu et peu naturel, plein de formules galantes et qui sert surtout à voiler leurs vraies intentions et leurs

sentiments. C'est comme un jeu de société dont chacun connaît et observe les règles. Ce style précieux reflète la vie de la cour où la politesse et la courtoisie sont considérées comme des qualités de premier ordre.

6. C'est surtout l'emploi du verbe «voir» qui révèle l'intérêt que Mme de Clèves porte au duc de Nemours. La formule «elle le vit» est répétée quatre fois de suite. L'énumération de toutes les activités et qualités qu'elle «voit» souligne qu'elle le suit partout des yeux.
   (D'autres expressions par lesquelles l'auteur met en relief la supériorité du duc renforcent notre impression que Mme de Clèves n'aperçoit que lui: «toujours», «surpasser de si loin tous les autres», «se rendre tellement maître de la conversation dans tous les endroits», l. 52/53).

7. On peut imaginer deux raisons pour lesquelles le duc cache sa passion à la cour. D'une part, il ne veut pas qu'on parle de son amour par peur que ses sentiments ne soient dépréciés. C'est pourquoi il fait croire qu'il s'intéresse toujours à la reine dauphine. D'autre part, il a tant d'estime pour Mme de Clèves qu'il veut éviter toute rumeur qui pourrait porter atteinte à son honneur.

8. Les paroles de sa mère plongent Mme de Clèves dans un profond embarras. Peut-être qu'elle se rend compte pour la première fois combien elle aime vraiment le duc. Et, par conséquent, elle a mauvaise conscience. En même temps, elle commence peut-être à douter des qualités du duc et craint qu'il ne soit pas sincère. Quels que soient les sentiments qui prévalent, ils lui causent une douleur déchirante.

Commentaire personnel

9. a) Pour beaucoup de gens, les membres d'une famille royale
   - symbolisent le rêve d'une vie de richesse et de luxe;
   - sont l'incarnation de grands idéaux et de hautes valeurs morales.

   On s'intéresse à eux pour
   - s'évader de la banalité de la vie quotidienne;
   - compenser des rêves jamais réalisés.

   D'autre part, la découverte de leurs défauts et de leurs faiblesses permet de
   - s'identifier à eux;
   - mieux supporter ses propres imperfections.

   Et leurs scandales et leurs malheurs répondent à un profond besoin de sensation.

b) Cacher ses sentiments
- est parfois nécessaire pour ne pas être trop vulnérable et pour ne pas se laisser dominer;
- donne un sentiment de liberté et d'indépendance vis-à-vis du partenaire;
- permet d'équilibrer un peu ses hauts et ses bas;
- donne la possibilité de se rendre compte de ses vrais sentiments.

Exprimer librement ses sentiments est nécessaire pour
- créer une atmosphère de confiance;
- ne pas refouler ses propres émotions;
- ne pas laisser l'autre dans l'incertitude;
- éviter des déceptions.

c) C'est un résultat étonnant étant donné qu'être épouse et mère est le rôle traditionnel de la femme. Ce résultat est l'expression d'un changement important de la réalité sociale; la femme s'est émancipée:
- elle a une plus grande confiance en soi;
- elle a découvert d'autres priorités: la carrière, l'indépendance;
- elle se sent capable d'élever seule un enfant;
- elle ne considère plus l'homme comme son protecteur;
- elle est plus libre dans ses rapports avec l'homme.

Problèmes éventuels: risques financiers; surmenage; isolement.

d) Pour:
- La sexualité est reconnue comme une partie importante de la vie.
- La libération sexuelle permet de mieux s'épanouir.
- L'égalité des sexes est mieux réalisée.
- Les moyens de contraception diminuent le risque d'une grossesse involontaire.

Contre:
- Les rapports entre homme et femme risquent de devenir superficiels.
- La famille est menacée; les enfants ne se sentent plus en sécurité.
- A l'époque du sida, il est dangereux de changer souvent de partenaire.

Grammaire

10. L'art épistolaire

Madame de Sévigné (1626-1696), veuve à 25 ans, ayant un fils et une fille, entretient pendant nombre d'années une correspondance avec sa famille et ses amis.
La Marquise est ce type de grande dame du siècle de Louis XIV qui savait allier l'orgueil de la naissance à infiniment de charme et un savoir étendu. Ses «Lettres», qui d'abord n'étaient point destinées à être publiées, sont remplies de ses réflexions et de ses sentiments personnels.
La lettre avait à l'époque des caractères bien différents selon qu'elle était pratiquée par des mondains ou par des écrivains. Ces derniers en faisaient une œuvre artificielle, soigneusement élaborée et obéïssant à des règles précises. Pour les gens du monde, elle était une forme d'expression spontanée (qui était) soumise aux seuls impératifs de la civilité et de l'art de plaire. La correspondance de Mme de Sévigné entre dans la catégorie de ces lettres galantes que les salons avaient mise à la mode. Elle présente toutes les qualités (qui étaient) exigées dans ces productions pour le plaisir du lecteur: de l'enjouement de l'esprit, un art de jouer plaisamment avec les idées et les sentiments. A quoi la marquise ajoutait une façon toute personnelle de se mettre dans ses écrits et d'y exprimer sa relation à autrui. Jusqu'à Louis XIV, on était unanime pour apprécier le style personnel de la marquise qui contrastait avec les règles que la société s'était imposée.

Version

11. Mme de La Fayette

Im Jahr 1678 konnten die Leser zwischen zwei Arten von Romanen wählen: dem Roman im eigentlichen Sinne, der lang, kompliziert, mit Nebenhandlungen überladen war und von fiktiven Personen handelte; der kurzen historischen Chronik, die stark romanhafte Züge hatte und sich um eine reale Person aus der jüngeren Vergangenheit drehte.
"Die Prinzessin von Kleve" von Madame de La Fayette liegt genau zwischen den beiden Gattungen: Die Hauptpersonen haben tatsächlich gelebt, selbst wenn sie die Abenteuer nicht erlebt haben, die die Autorin ihnen zuschreibt. Die Handlung spielt am Hof Heinrichs II.; die Atmosphäre des 16. Jahrhunderts ist, was immer man darüber auch gesagt hat, klar erkennbar; und der König, die Königin, die Favoritin (Geliebte) des Königs und die

königlichen Prinzen spielen in der Intrige wichtige Rollen. Andererseits ist das Werk kurz. Aber die Entwicklung der Gefühle der beiden Helden, manche Episoden und der Ausgang der Geschichte erinnern an einen preziösen Roman.

Man wollte gelegentlich in diesem Roman eine verschlüsselte Autobiographie sehen. Mme de La Fayette trennte sich nämlich sehr schnell von einem Ehemann, den sie nicht liebte, und sie teilte über 25 Jahre lang das Leben des Duc de La Rochefoucauld, des Autors der "Maximen". Aber es gibt wenig Entsprechungen zwischen einer unterdrückten Liebe, an der man stirbt, und dieser langen und friedlichen Verbindung, die alle kannten und billigten.

Montesquieu: Lettres Persanes

La publication des «Lettres Persanes» en 1721 rend Montesquieu tout d'un coup célèbre et lui permet de se consacrer entièrement à ses travaux littéraires. Il entreprend de longs voyages en Europe, surtout en Angleterre et en Allemagne, pour étudier les mœurs d'autres nations et leurs institutions politiques. De retour en France, il travaillera pendant vingt ans à l'ouvrage capital de sa vie, «De l'Esprit des Lois», paru en 1748. Parmi les grands philosophes du XVIIIe siècle, Montesquieu a été le penseur le plus impartial guidé par une seule passion: l'amour de la justice et de l'humanité. Il déteste l'intolérance, le fanatisme religieux, ainsi que l'arrogance du nationalisme.
«Lettres Persanes» est un roman oriental par lettres: deux Persans, Usbek et Rica, viennent pour la première fois en France et écrivent à leurs amis demeurés en Perse pour leur parler de leurs impressions. Dans leur prétendue naïveté ils remarquent une multitude de détails que les Français ne voient plus parce qu'ils en ont pris l'habitude. La fiction des voyageurs exotiques permet à Montesquieu d'exprimer des critiques très hardies contre la société de son temps.

Lettre XXX
Rica au même, à Smyrne

Les habitants de Paris sont d'une curiosité qui va jusqu'à l'extravagance. Lorsque j'arrivai, je fus regardé comme si j'avais été envoyé du Ciel: vieillards, hommes, femmes, enfants, tous voulaient me voir. Si je sortais, tout le monde se mettait aux fenêtres; si j'étais aux Tuileries, je voyais aussitôt un cercle se former autour de moi: les femmes mêmes faisaient un arc-en-ciel, nuancé de mille couleurs, qui m'entourait; si j'étais aux spectacles, je trouvais d'abord cent lorgnettes dressées contre ma figure: enfin jamais homme n'a tant été vu que moi. Je souriais quelquefois d'entendre des gens qui n'étaient presque jamais sortis de leur chambre, qui disaient entre eux: «Il faut avouer qu'il a l'air bien persan.» Chose admirable! je trouvais de mes portraits partout; je me voyais multiplié dans toutes les boutiques, sur toutes les cheminées: tant on craignait de ne m'avoir pas assez vu.

Tant d'honneurs ne laissent pas d'être à charge: je ne me croyais pas un homme si curieux et si rare; et, quoique j'aie très bonne opinion de moi, je ne me serais jamais imaginé que je dusse troubler le repos d'une grande ville où je n'étais point connu. Cela me fit résoudre à quitter l'habit persan et à en endosser un à l'européenne, pour voir s'il resterait encore dans ma physionomie quelque chose d'admirable. Cet essai me fit connaître ce que je valais réellement: libre de tous les ornements étrangers, je me vis apprécié au plus juste. J'eus sujet de me plaindre de mon tailleur, qui m'avait fait perdre en un instant l'attention et l'estime publique: car j'entrai tout à coup dans un néant affreux. Je demeurais quelquefois une heure dans une compagnie sans qu'on m'eût regardé, et qu'on m'eût mis en occasion d'ouvrir la bouche. Mais, si quelqu'un, par hasard, apprenait à la compagnie que j'étais Persan, j'entendais aussitôt autour de moi un bourdonnement: «Ah! ah! Monsieur est Persan? c'est une chose bien extraordinaire! Comment peut-on être Persan?»

De Paris, le 6 de la lune de Chalval, 1712.

Lettre XCIX
Rica à Rhédi, à Venise

Je trouve les caprices de la mode, chez les Français, étonnants. Ils ont oublié comment ils étaient habillés cet été; ils ignorent encore plus comment ils le seront cet hiver. Mais, surtout, on ne saurait croire combien il en coûte à un mari pour mettre sa femme à la mode.

Que me servirait de te faire une description exacte de leur habillement et de leurs parures? Une mode nouvelle viendrait détruire tout mon ouvrage, comme celui de leurs ouvriers, et, avant que tu eusses reçu ma lettre, tout serait changé.

Une femme qui quitte Paris pour aller passer six mois à la campagne en revient aussi antique que si elle s'y était oubliée trente ans. Le fils méconnaît le portrait de sa mère, tant l'habit avec lequel elle est peinte lui paraît étranger; il s'imagine que c'est quelque Américaine qui y est représentée, ou que le peintre a voulu exprimer quelqu'une de ses fantaisies.

Quelquefois, les coiffures montent insensiblement, et une révolution les fait descendre tout à coup. Il a été un temps que leur hauteur immense mettait le visage d'une femme au milieu d'elle-même. Dans un autre, c'étaient les pieds qui occupaient cette place: les talons faisaient un piédestal qui les tenait en l'air. Qui pourrait le croire? Les architectes ont été souvent obligés de hausser, de baisser et d'élargir leurs portes, selon que les parures des femmes exigeaient d'eux ce changement, et les règles de leur art ont été asservies à ces caprices. On voit quelquefois sur un visage une quantité prodigieuse de mouches, et elles disparaissent toutes le lendemain. Autrefois, les femmes avaient de la taille et des dents; aujourd'hui, il n'en est pas question. Dans cette changeante nation, quoi qu'en disent les mauvais plaisants, les filles se trouvent autrement faites que leurs mères.

Il en est des manières et de la façon de vivre comme des modes: les Français changent de mœurs selon l'âge de leur roi. Le monarque pourrait même parvenir à rendre la nation grave, s'il l'avait entrepris. Le Prince imprime le caractère de son esprit à la Cour; la Cour, à la Ville; la Ville, aux provinces. L'âme du souverain est un moule qui donne la forme à toutes les autres.

De Paris, le 8 de la lune de Saphar, 1717.

Extrait de: MONTESQUIEU, *Lettres Persanes*, Paris (Garnier-Flammarion) 1964, p. 65/66 et 160/161.

Annotations

5/6: *un arc-en-ciel:* Regenbogen; 7: *la lorgnette:* kleines Fernglas; 13: *être à charge:* être pénible; 17: *endosser:* mettre sur son dos (un vêtement); 20: *avoir sujet de:* avoir un motif légitime de; *tailleur:* artisan qui fait des vêtements; 22: *le néant:* absence d'existence (das Nichts); 25: *le bourdonnement:* murmure sourd, confus; 43: *le piédestal:* Sockel; 56: *le moule:* forme, modèle (Gußform)

Devoirs

Questions portant sur la lettre XXX

Compréhension du texte

1. Comment se manifeste la curiosité des Parisiens? 10
2. Rica est-il content de se trouver au centre de l'admiration? Comment réagit-il? Quelle expérience doit-il faire? 20

Commentaire de texte

3. Pourquoi Rica sourit-il en entendant dire les gens: «Il faut avouer qu'il a l'air bien persan.»? (l. 10) Quelle est la critique sous-entendue? 10
4. Comment peut-on comprendre la dernière phrase: «Comment peut-on être Persan?» (l. 26) 10

Questions portant sur la lettre XCIX

Compréhension du texte

5. Comment Rica juge-t-il «les caprices de la mode» (l. 27)? Illustrez votre réponse par deux exemples particulièrement frappants. 20
6. Dans quel sens Rica élargit-il ses observations dans le dernier paragraphe? 10
7. Quel rôle Rica attribue-t-il au prince en disant: «L'âme du souverain est un moule qui donne la forme à toutes les autres.» (l. 56) 10

Commentaire de texte

8. Quel est le procédé de style le plus remarquable utilisé dans l'avant-dernier paragraphe? Dans quelle intention Montesquieu l'emploie-t-il? 10
9. Quelle est l'idée centrale qui lie les deux textes? 10

Commentaire personnel 40

10. Exposez, en dix phrases environ, vos idées sur **un** des sujets suivants.
    a) Ecrivez une lettre à la manière de Montesquieu: mettez-vous à la place d'un «Persan» qui vient pour la première fois dans votre pays et observe d'un œil critique les habitudes des gens.
    b) «L'habit ne fait pas le moine» – «Kleider machen Leute»: Illustrez les deux points de vue et opposez-les.
    c) Quel est le rôle de la mode aujourd'hui? Peut-on échapper à son influence?
    d) Comment pourrait-on réduire les préjugés vis-à-vis des étrangers?

Grammaire 20

11. Complétez et modifiez le texte suivant selon les indications données; écrivez en entier le texte modifié en changeant l'ordre des mots là où ce sera nécessaire et en respectant l'accord. Il faut:
    /1/ ajouter le pronom relatif;
    /2/ mettre le mot entre parenthèses à la forme voulue par le contexte;
    /3/ remplacer les mots soulignés par un pronom ou ajouter le pronom;
    /4/ remplacer le mot souligné par une autre construction;
    /5/ remplir la lacune.

«L'Esprit des Lois» (1748) est l'œuvre capitale de Montesquieu à ... /1/ (1)
il a travaillé toute sa vie. Les sources de cet ouvrage sont nombreuses, ... /1/ ne l'a pas empêché d'écrire une œuvre (parfait) /2/ (1)(1)
originale. Par «L'Esprit des Lois», Montesquieu a annexé un domaine nouveau à la littérature. Les conséquences pratiques <u>de cela</u> /3/ furent (1)
considérables. Déjà avant Voltaire, Montesquieu dénonce les abus de la société (attaquer) /2/ le despotisme, l'esclavage et l'intolérance. (1)
Voilà un extrait de cette œuvre:
«Il ne faut pas beaucoup de probité pour qu'un gouvernement monarchique ou un gouvernement despotique (se maintenir) /2/. Mais (1)
dans un Etat populaire, il faut un ressort de plus, qui est la *vertu*.

... /1/ je dis est confirmé par le corps entier de l'histoire, et est très conforme à la nature des choses. Car il est clair que dans une monarchie, où ... /3/ qui fait exécuter les lois se juge au-dessus des lois, on a besoin de moins de vertu que dans un gouvernement populaire, où celui qui fait exécuter les lois sent qu'il est soumis aux lois /3/ lui-même, et qu'il portera le poids des lois /3/. Il est clair encore que le monarque ... /1/ cesse de faire exécuter les lois peut (aisé) /2/ réparer le mal. Mais lorsque, dans un gouvernement populaire, les lois ont cessé de (exécuter) /2/, comme cela peut seulement /4/ venir de la corruption de la république, l'Etat est déjà perdu ...
Lorsque cette vertu cesse, l'ambition entre dans les cœurs qui peuvent recevoir l'ambition /3/, et l'avarice entre dans tous. Les désirs changent ... /5/ objets: ... /1/ on aimait, on ne l'aime plus; on était libre avec les lois, on veut être libre contre les lois /3/; chaque citoyen est comme un esclave (échapper) /2/ de la maison de son maître ...»

(1)
(1)
(1)
(1)
(1)(1)
(2)(1)
(1)
(1)(1)
(1)
(1)

D'après: GERDA DYSERINK-SIECKE (Hg.), *Le siècle des lumières*, Frankfurt a. M. (Hirschgraben) 1969, p. 6.

Version **50**

12. Traduisez le texte suivant.

Images de la France

Il n'est pas nation plus ouverte, ni sans doute de plus mystérieuse que la française; point de nation plus aisée à observer et à croire connaître du premier coup. On s'avise par la suite qu'il n'en est point de plus difficile à prévoir dans ses mouvements, de plus capable de reprises et de retournements inattendus. [...]

Cette nation nerveuse et pleine de contrastes trouve dans ses contrastes des ressources tout imprévues. Le secret de sa prodigieuse résistance gît peut-être dans les grandes et multiples différences qu'elle combine en soi. Chez les Français, la légèreté apparente du caractère s'accompagne d'une endurance et d'une élasticité singulières. La facilité générale et l'aménité des rapports se joignent chez eux à un sentiment critique redoutable et toujours éveillé. Peut-être la France est-elle le seul pays où le ridicule ait joué un rôle historique; il a miné, détruit quelques régimes, et il y suffit d'un mot, d'un trait heureux (et parfois trop heureux), pour ruiner dans l'esprit public, en quelques instants, des puissances et des situations considérables. [...]

On le voit, la nation française est particulièrement difficile à définir d'une façon simple; et c'est là même un élément assez important de sa définition que cette propriété d'être difficile à définir.

Extrait de: PAUL VALERY, «Images de la France», dans: *Regards sur le monde actuel et autres essais*, Paris (Éditions Gallimard 1945, collection idées 1962), p. 124/126.

Propositions de solution

Questions sur le texte

1. La curiosité des Parisiens se manifeste par un goût exagéré de l'exotique et de la sensation. Partout où Rica apparaît, à toutes les manifestations de la vie mondaine à Paris, les gens de tout âge et surtout les femmes le dévorent des yeux. Cette curiosité naïve et indiscrète va jusqu'à l'absurdité: partout on expose des portraits de Rica pour que les Parisiens puissent se délecter à le regarder, même en son absence.

2. Rica est d'abord flatté dans son amour-propre par tant d'admiration. Mais peu à peu, l'intérêt pour sa personne lui semble démesuré et lui cause une certaine gêne. Pour savoir ce qu'il vaut vraiment aux yeux des Parisiens, il se décide à ôter ses vêtements persans et à s'habiller à l'européenne. La vérité est plus cruelle qu'il n'a imaginé: sans son habit oriental il n'attire plus l'attention de personne; en société, on ne se rend même pas compte de sa présence. Et ceux qui apprennent qu'il est Persan, se moquent de lui et se détournent rapidement.

3. Rica s'amuse de la naïveté des Parisiens qui n'ont jamais quitté leur ville mais qui prétendent connaître le monde entier. Montesquieu s'attaque ici à une société arrogante, imprégnée de préjugés et d'idées toutes faites sur les autres nations.

4. Cette exclamation est l'expression d'un certain mépris vis-à-vis de tout ce qui n'est pas français. Cette indifférence repose sur l'ignorance des autres cultures et sur un profond sentiment de supériorité. Les Parisiens, attirés par tout spectacle sortant de l'ordinaire, refusent de s'occuper sérieusement de ce qui leur est étranger.

5. Rica est stupéfait de voir à quelle vitesse les modes changent à Paris et à quel point les femmes se soumettent à leurs contraintes. Pour faire comprendre l'aspect ridicule de ce phénomène à son ami Rhédi, Rica évoque la situation d'un fils qui ne reconnaîtrait plus sa mère sur un tableau la montrant vêtue à l'ancienne. Il la prendrait pour une étrangère ou croirait que l'artiste avait donné libre cours à sa fantaisie.

Mais, selon Rica, les conséquences des «caprices de la mode» peuvent être encore plus absurdes. Les coiffures et les chaussures des dames prennent parfois des proportions si extravagantes qu'il faut y adapter l'architecture des maisons pour que les femmes ainsi parées puissent entrer et sortir de chez elles.

6. Dans le dernier paragraphe de sa lettre, Rica explique à son ami que le goût du changement rapide ne concerne pas seulement la mode, mais aussi les mœurs et coutumes des Français. Il se moque d'un peuple qui ne connaît aucune constance et qui est si facile à influencer. C'est pour lui un peuple qui manque de caractère.

7. Le Prince comme monarque absolu est celui qui donne le ton. Tout le monde se tourne vers lui et adopte son opinion. C'est lui le modèle universellement copié et qui détermine le caractère de la nation.

8. L'avant-dernier paragraphe est marqué par le principe de l'exagération, un moyen rhétorique qui souligne le caractère satirique du texte. Par ce style hyperbolique Montesquieu met en évidence à quel point le comportement des Parisiens est ridicule et contraire au bon sens et à la raison.

9. Dans les deux lettres, Montesquieu raille un trait de caractère traditionnellement attribué aux Parisiens: le fait qu'ils accordent plus d'importance au paraître qu'à l'être. C'est pour cela qu'ils s'intéressent au Persan en costume national, mais pas à sa personne; et c'est pour cela aussi qu'ils suivent toutes les modes au lieu de concentrer leurs efforts sur des choses moins futiles.

Commentaire personnel

10. a) Phénomènes à critiquer:
   - rythme inhumain de la vie (circulation, travail);
   - besoin insatiable de s'amuser (divertissements, voyages);
   - importance des biens matériels (argent, voiture, mode);
   - omniprésence des médias (télévision);
   - dégradation des rapports humains (cloisonnement des générations, concurrence, anonymat, rejet des personnes âgées);
   - l'architecture des grands ensembles.

   b) Le proverbe français «L'habit ne fait pas le moine» signifie: on ne doit pas juger les gens sur leur aspect extérieur; d'une part, ceux qui tendent à impressionner par leur tenue et leur conduite ne possèdent pas nécessairement les meilleures qualités; ils veulent souvent cacher leurs faiblesses; d'autre part, les vrais génies sont souvent des gens très modestes et discrets.
   Le proverbe allemand «Kleider machen Leute» illustre l'attitude courante des gens qui jugent sur les apparences; celui qui est élégamment habillé est considéré comme un personnage important; ce respect le rend sûr de lui et le met en valeur.
   Conclusion: Le proverbe français met l'accent sur l'être, le proverbe allemand sur le paraître, mais finalement l'intention est la même: les deux proverbes mettent en garde contre les apparences, mais l'avertissement est plus clair en français.

   c) En suivant la mode on répond au besoin de
   - se sentir accepté et à l'aise;
   - paraître plus qu'on n'est;
   - appartenir à un certain groupe social;
   - être conforme à un idéal de beauté.

   Il est difficile d'échapper à l'influence de la mode parce que
   - elle est omniprésente;
   - on ne veut pas se sentir exclu;
   - on est la proie de méthodes publicitaires raffinées qui pénètrent le subconscient;
   - s'y opposer demande du courage et une forte personnalité.

d) Pour réduire les préjugés vis-à-vis des étrangers il importe de
- donner des informations nécessaires;
- multiplier les contacts avec les étrangers;
- encourager des échanges et des voyages à l'étranger;
- améliorer la situation des nationaux défavorisés pour empêcher envie et concurrence.

Ainsi on arrivera peut-être à diminuer les craintes et à faciliter la compréhension.

Grammaire

11. «L'Esprit des Lois» (1748) est l'œuvre capitale de Montesquieu à laquelle il a travaillé toute sa vie. Les sources de cet ouvrage sont nombreuses, ce qui ne l'a pas empêché d'écrire une œuvre parfaitement originale. Par «L'Esprit des Lois», Montesquieu a annexé un domaine nouveau à la littérature. Les conséquences pratiques en furent considérables. Déjà avant Voltaire, Montesquieu dénonce les abus de la société en attaquant le despotisme, l'esclavage et l'intolérance.
Voilà un extrait de cette œuvre:
«Il ne faut pas beaucoup de probité pour qu'un gouvernement monarchique ou un gouvernement despotique se maintienne. Mais dans un Etat populaire, il faut un ressort de plus, qui est la *vertu.*
Ce que je dis est confirmé par le corps entier de l'histoire, et est très conforme à la nature des choses. Car il est clair que dans une monarchie, où celui qui fait exécuter les lois se juge au-dessus des lois, on a besoin de moins de vertu que dans un gouvernement populaire, où celui qui fait exécuter les lois sent qu'il y est soumis lui-même, et qu'il en portera le poids. Il est clair encore que le monarque qui cesse de faire exécuter les lois peut aisément réparer le mal. Mais lorsque, dans un gouvernement populaire, les lois ont cessé d'être exécutées, comme cela ne peut venir que de la corruption de la république, l'Etat est déjà perdu ...
Lorsque cette vertu cesse, l'ambition entre dans les cœurs qui peuvent la recevoir, et l'avarice entre dans tous. Les désirs changent d'objets: ce qu'on aimait, on ne l'aime plus; on était libre avec les lois, on veut être libre contre elles; chaque citoyen est comme un esclave échappé de la maison de son maître ...»

Version

12. Vorstellungen von Frankreich
Es gibt keine offenere, aber sicher auch keine geheimnisvollere Nation als die französische; keine, die man so leicht beobachten kann und die man auf Anhieb zu kennen glaubt. Erst später wird man gewahr, daß es keine (andere) gibt, deren Reaktionen (Bewegungen) schwerer vorhersehbar sind, und die größere Fähigkeit zu unerwarteten Neuanfängen und Kehrtwendungen besitzt.
Diese sensible und an Gegensätzen reiche Nation findet in ihren Kontrasten ganz ungeahnte Möglichkeiten. Das Geheimnis ihrer erstaunlichen Widerstandskraft liegt vielleicht in den großen und vielfältigen Unterschieden, die sie in sich vereint. Bei den Franzosen verbindet sich die äußere Leichtigkeit des Charakters mit besonderer Ausdauer und Geschmeidigkeit. Die allgemeine Umgänglichkeit und Liebenswürdigkeit im Kontakt trifft bei ihnen mit einer unerbittlichen und stets wachen kritischen Haltung zusammen. Vielleicht ist Frankreich das einzige Land, in dem das Lächerliche eine Rolle in der Geschichte gespielt hat; es hat einige Regierungsformen unterminiert und zerstört, und es genügt hier ein Wort, ein glücklicher (manchmal zu glücklicher) Geistesblitz, um in der öffentlichen Meinung in wenigen Augenblicken beachtliche Machtverhältnisse und Stellungen zu zerstören.
Man sieht, die französische Nation ist besonders schwer auf einfache Weise zu definieren; und gerade diese Eigenheit, schwer definierbar zu sein, ist ein (ziemlich) wichtiger Bestandteil ihrer Definition.

Voltaire: Candide

La longue vie de Voltaire, l'abondance de son œuvre littéraire, ses nombreuses relations à travers l'Europe entière et l'influence énorme de sa personnalité ont fait de lui l'homme le plus célèbre de son siècle. A plusieurs époques de sa vie, il a écrit de petits romans, les «contes philosophiques», qui restent la partie la plus vivante de son œuvre et nous captivent encore aujourd'hui.
«Candide ou l'Optimisme» (1759) est le plus connu de ces petits chefs-d'œuvre. C'est l'histoire d'un jeune homme naïf qui traverse le monde et passe d'une aventure à l'autre. Dans ce roman satirique, Voltaire dénonce toutes les folies humaines et tous les maux nés de l'intolérance et du fanatisme, il raille les philosophes optimistes, disciples de Leibnitz et de Wolff, qui nous font croire qu'on vit «dans le meilleur des mondes possibles».

Chapitre cinquième

Tempête, naufrage, tremblement de terre, et ce qui advint du docteur Pangloss, de Candide, et de l'anabaptiste Jacques.

Quand ils furent revenus un peu à eux, ils marchèrent vers Lisbonne; il leur restait quelque argent, avec lequel ils espéraient se sauver de la faim après avoir échappé à la tempête.

A peine ont-ils mis le pied dans la ville, en pleurant la mort de leur bienfaiteur, qu'ils sentent la terre trembler sous leurs pas, la mer s'élève en bouillonnant dans le port, et brise les vaisseaux qui sont à l'ancre. Des tourbillons de flammes et de cendres couvrent les rues et les places publiques; les maisons s'écroulent, les toits sont renversés sur les fondements, et les fondements se dispersent; trente mille habitants de tout âge et de tout sexe sont écrasés sous les ruines. Le matelot disait en sifflant et en jurant: «Il y aura quelque chose à gagner ici. – Quelle peut être la raison suffisante de ce phénomène? disait Pangloss. – Voici le dernier jour du monde! s'écriait Candide.» Le matelot court incontinent au milieu des débris, affronte la mort pour trouver de l'argent, en trouve, s'en empare, s'enivre, et, ayant cuvé son vin, achète les faveurs de la première fille de bonne volonté qu'il rencontre sur les ruines des maisons détruites, et au milieu des mourants et des morts. Pangloss le tirait cependant par la manche: «Mon ami, lui disait-il, cela n'est pas bien, vous manquez à la raison universelle, vous prenez mal votre temps. – Tête et sang, répondit l'autre, je suis matelot et né à Batavia; j'ai marché quatre fois sur le crucifix dans quatre voyages au Japon; tu as bien trouvé ton homme avec la raison universelle!»

Quelques éclats de pierre avaient blessé Candide; il était étendu dans la rue et couvert de débris. Il disait à Pangloss: «Hélas! procure-moi un peu de vin et d'huile; je me meurs. – Ce tremblement de terre n'est pas une chose nouvelle, répondit Pangloss; la ville de Lima éprouva les mêmes secousses en Amérique l'année passée; mêmes causes, mêmes effets: il y a certainement une traînée de soufre sous terre depuis Lima jusqu'à Lisbonne. – Rien n'est plus probable, dit Candide; mais, pour Dieu, un peu d'huile et de vin. – Comment, probable? répliqua le philosophe, je soutiens que la chose est démontrée.» Candide perdit connaissance, et Pangloss lui apporta un peu d'eau d'une fontaine voisine.

Le lendemain, ayant trouvé quelques provisions de bouche en se glissant à travers des décombres, ils réparèrent un peu leurs forces. Ensuite ils travaillèrent comme les autres à soulager les habitants échappés à la mort. Quelques citoyens, secourus par eux, leur donnèrent un aussi bon dîner qu'on le pouvait dans un tel désastre; il est vrai que le repas était triste; les convives arrosaient leur pain de leurs larmes; mais Pangloss les consola, en les assurant que les choses ne pouvaient être autrement: «Car, disait-il, tout ceci est ce qu'il y a de mieux; car s'il y a un volcan à Lisbonne, il ne pouvait être ailleurs; car il est impossible que les choses ne soient pas où elles sont; car tout est bien.»

Chapitre sixième

Comment on fit un bel auto-da-fé pour empêcher les tremblements de terre, et comment Candide fut fessé.

Après le tremblement de terre qui avait détruit les trois quarts de Lisbonne, les sages du pays n'avaient pas trouvé un moyen plus efficace pour prévenir une ruine totale que de donner au peuple un bel auto-da-fé; il était décidé par l'université de Coïmbre que le spectacle de quelques personnes brûlées à petit feu, en grande cérémonie, est un secret infaillible pour empêcher la terre de trembler.

On avait en conséquence saisi un Biscayen convaincu d'avoir épousé sa commère, et deux Portugais qui en mangeant un poulet en avaient arraché le lard: on vint lier après le dîner le docteur Pangloss et son disciple Candide, l'un pour avoir parlé, et l'autre pour avoir écouté avec un air d'approbation: tous deux furent menés séparément dans des appartements d'une extrême fraîcheur, dans lesquels on n'était jamais incommodé du soleil: huit jours après ils furent tous deux revêtus d'un san-benito, et on orna leurs têtes de mitres de papier: la mitre et le san-benito de Candide étaient peints de flammes renversées, et de diables qui n'avaient ni queues ni griffes; mais les diables de Pangloss portaient griffes et queues, et les flammes étaient droites. Ils marchèrent en procession ainsi vêtus, et entendirent un sermon très pathétique, suivi d'une belle musique en faux-bourdon. Candide fut fessé en cadence, pendant qu'on chantait; le Biscayen et les deux hommes qui n'avaient point voulu manger de lard furent brûlés, et Pangloss fut pendu, quoique ce ne soit pas la coutume. Le même jour, la terre trembla de nouveau avec un fracas épouvantable.

Candide, épouvanté, interdit, éperdu, tout sanglant, tout palpitant, se disait à lui-même: «Si c'est ici le meilleur des mondes possibles, que sont donc les autres? Passe encore si je n'étais que fessé, je l'ai été chez les Bulgares; mais, ô mon cher Pangloss! le plus grand des philosophes, faut-il vous avoir vu pendre, sans que je sache pourquoi! le meilleur des hommes, faut-il que vous ayez été noyé dans le port! ô mademoiselle Cunégonde! la perle des filles, faut-il qu'on vous ait fendu le ventre!»

Il s'en retournait, se soutenant à peine, prêché, fessé, absous et béni, lorsqu'une vieille l'aborda, et lui dit: «Mon fils, prenez courage, suivez-moi.»

Extrait de: VOLTAIRE, «Candide ou l'optimisme», dans: *Romans et contes*, Paris (Éditions Garnier Frères; Classiques Garnier) 1960, p.147–150.

Annotations

1: *le naufrage:* Schiffbruch; 2: *l'anabaptiste* (m.): Wiedertäufer; 8: *bouillonner:* s'agiter; *le vaisseau:* navire, bateau d'une certaine importance; 8/9: *le tourbillon:* Wirbel; 9: *la cendre:* Asche; 11: *se disperser:* s'en aller de tous côtés; 15: *incontinent* (adv.): immédiatement; *les débris* (m.): ce qui reste après la destruction de qc.; 16: *s'emparer de:* prendre par la force; 16/17: *cuver son vin:* seinen Rausch ausschlafen; 24: *l'éclat* (m.): fragment d'un objet qui a éclaté; 27: *la secousse:* Erdstoß; 29: *la traînée de soufre* (m.): Schwefelspur; 35: *les décombres* (m.): ruines; 39: *le convive:* personne qui prend part à un repas; 44: *l'auto-da-fé* (m.): Verbrennung (Inquisition); 45: *fesser:* battre; 47: *prévenir:* vorbeugen; 50: *infaillible:* efficace (unfehlbar); 53: *la commère: ici* marraine (Patin); 54: *le lard:* Speck; 55: *l'approbation* (f.): accord; 57: *incommoder:* causer une gêne; 58: *revêtu, e d'un san-benito:* mit einem Ordensgewand bekleidet; 59: *la mitre:* Bischofsmütze; 63: *le faux-bourdon: ici* chant d'église; 63/64: *en cadence:* selon un rythme régulier; 65: *pendre:* (auf)hängen, henken; 67: *le fracas:* bruit violent; 68: *interdit, e:* qui ne sait plus que dire ou que faire; *éperdu, e:* bestürzt; *palpitant, e:* tremblant; 73: *noyer:* ertränken; 74: *fendre:* aufschlitzen; 75: *prêcher qn.:* Moral predigen; *absoudre:* von Sünden freisprechen; *bénir:* segnen, weihen

Devoirs

Questions sur le texte

Compréhension du texte

1. Comment le matelot et Candide réagissent-ils au tremblement de terre? Comparez leur comportement. 20
2. Expliquez la philosophie de Pangloss. 20
3. Dans quel but «les sages du pays» (l. 47) utilisent-ils le tremblement de terre? 10
4. Dans quel sens, Candide, jusqu'ici optimiste naïf et disciple fidèle de Pangloss, évolue-t-il à la suite des expériences vécues (chap. VI)? 10

Commentaire de texte

5. La description du tremblement de terre: relevez ce qui fait ressortir la violence du séisme. 20
6. Quelle est l'attitude de Voltaire vis-à-vis de l'autodafé? Justifiez votre réponse en vous référant au texte. 10
7. Dans quel but Voltaire introduit-il le personnage de la vieille? 10

Commentaire personnel **40**

8. Exposez, en dix phrases environ, vos idées sur **un** des sujets suivants.
   a) A la fin de son voyage et de son éducation intellectuelle, Candide se retire dans une ferme. Débarrassé de ses illusions, il se contente d'un bonheur modeste qu'il exprime dans la phrase finale: «... mais il faut cultiver notre jardin.» Qu'est-ce que vous pensez de cette morale?
   b) L'homme moderne est-il exposé aux catastrophes naturelles de la même manière que Candide au XVIIIe siècle? Justifiez votre réponse en donnant des exemples.
   c) Le XVIIIe siècle est caractérisé par une attitude optimiste face au progrès. Cet optimisme est-il encore justifié aujourd'hui?

d) «Il faut être poli avec la Terre», écrivait Jacques Prévert. Quels périls provoqués par l'homme menacent la terre aujourd'hui? Qu'est-ce qu'on devrait faire pour limiter les dégâts?

Grammaire **20**

9. Complétez et modifiez le texte suivant selon les indications données; écrivez en entier le texte modifié en changeant l'ordre des mots là où ce sera nécessaire et en respectant l'accord. Il faut:
   /1/ mettre le verbe à la forme voulue par le contexte;
   /2/ mettre le pronom relatif;
   /3/ mettre le mot entre parenthèses à la forme voulue par le contexte ou bien employer un mot dérivé;
   /4/ mettre la proposition soulignée à la voix passive;
   /5/ combler la lacune par l'adjectif indéfini qui exprime la négation;
   /6/ ajouter le pronom personnel.

La condition des écrivains au XVIIIe siècle
A l'aisance bourgeoise, les écrivains ne participent guère. Leur condition matérielle, souvent médiocre et parfois (menacer) /1/, n'est pas en (2)
rapport avec le rôle essentiel ... /2/ ils jouent dans la vie sociale. Beau- (1)
coup d'écrivains vivent de leur plume; mais on rétribue (mauvais) /3/ le (1)
travail intellectuel. Jusqu'en 1777, ... /5/ législation fixe le droit de pro- (2)
priété littéraire. Les auteurs peu (connaître) /1/ végètent (misérable) /3/. (2)(1)
Les auteurs célèbres ne sont guère plus favorisés: Montesquieu ne tire
aucun profit matériel de son œuvre (maître) /3/, «L'Esprit des Lois», (1)
éditée pourtant 22 fois en moins de deux ans et traduite dans (tout) /3/ (1)
langues. Seul Voltaire fit fortune, mais son cas est spécial: ses revenus provenaient surtout de ses spéculations financières et des propriétés
qu'il (acquérir, plus-que-parfait) /1/ grâce à ... /6/. (2)(1)
La censure et les persécutions entravent encore la liberté d'expression.
La hardiesse (croître) /1/ des ouvrages suscite des répressions sévères. (2)
Ainsi <u>on emprisonna Voltaire</u> /4/ en 1717 pour avoir laissé circuler une (2)
satire politique écrite de sa main. La publication de l'Encyclopédie
(suspendre, passé simple, voix passive) /1/ à plusieurs reprises, et un (2)
arrêt du Parlement de Paris oblige J.-J. Rousseau à fuir en Suisse, après la publication de l'Emile.

D'après: P. CASTEX, P. SURER, *Manuel des Etudes Littéraires Françaises IV, XVIIIe siècle*, Paris (Hachette) 1949, p. 8.

Version **50**

10. Traduisez le texte suivant.

Voltaire

Peu après mai 68, lorsque le ministre de l'Intérieur de l'époque, dont l'histoire ne retiendra pas le nom, proposa au Général de Gaulle, pour empêcher Jean-Paul Sartre de soutenir, et de vendre à la criée, «La cause du peuple», de l'incarcérer, de Gaulle répondit superbement: «On n'arrête pas Voltaire». Etonnante lucidité, justesse de jugement. Si l'on y regarde bien, Voltaire en son siècle, comme Gide ou Sartre dans le leur, eurent la même place et remplirent la même fonction. Celle du «grand intellectuel», c'est-à-dire de ces philosophes, de ces écrivains, que leur talent, leur public ou les circonstances ont constitués en témoins et en conscience morale de leur temps.

Les analogies entre Voltaire et Sartre vont plus loin. Tous deux ont, plus que les autres, tâté de tous les genres littéraires (sauf, en ce qui concerne Sartre, la poésie, ou du moins il n'en a pas fait état, mais il a composé des chansons), et, dans tous ces domaines, avec un succès public considérable. Romans, théâtre, essais, leur génie était à l'aise partout.

On pourrait même se demander si la querelle – qui recouvre une opposition fondamentale – entre Sartre et Camus ne reproduit pas, deux cents ans plus tard, celle de Voltaire avec Rousseau, et il n'est pas jusqu'à cette morosité orgueilleuse que Sartre trouvait en Camus qui ne se retrouve aussi dans le personnage de Rousseau.

Extrait de: JEAN-JACQUES BROCHIER, «Voltaire», dans: *magazine littéraire*, numéro 238, Paris février 1987.

Propositions de solution

Questions sur le texte

1. Pour le matelot, le tremblement de terre signifie une inépuisable source de profits. Voulant surtout jouir de la vie, il brave tous les risques pour se procurer des biens matériels et des plaisirs physiques. Ni les désastres causés par le tremblement de terre ni les exhortations de Pangloss ne l'empêchent de poursuivre son but.
   Candide, par contre, est pris de peur et craint que ce ne soit l'anéantissement du monde. Convaincu que sa dernière heure a sonné, il supplie Pangloss de lui apporter du vin et de l'huile pour le réconforter et probablement aussi pour lui administrer les derniers sacrements.

2. Pangloss croit fermement vivre dans le meilleur des mondes possibles. Les notions sur lesquelles sa philosophie optimiste est fondée sont «la raison universelle» (l. 20) et le rapport systématique entre «cause» et «effet»: D'après lui, les mêmes causes produisent toujours les mêmes effets. Par cette logique mécanique il prétend tout expliquer et justifier. En appliquant ce rapport de cause à effet à tous les phénomènes, il croit pouvoir prouver que «tout est bien» (l. 43), même une catastrophe telle que le tremblement de terre.

3. Les «sages de Lisbonne» cherchent une possiblité de discipliner la population pour empêcher le chaos. En affirmant qu'un autodafé (le supplice du feu qu'ordonne l'Inquisition) peut éviter un nouveau tremblement de terre, ils ont trouvé un prétexte plausible non seulement pour rétablir l'ordre, mais aussi pour se débarrasser d'hérétiques et d'infidèles.

4. Après avoir vu et vécu tant de catastrophes et d'injustices, Candide commence peu à peu à douter de la doctrine optimiste de son maître Pangloss. Il s'étonne que «le meilleur des mondes possibles» (l. 69) produise tant de victimes innocentes. Ses convictions jusqu'ici inébranlables risquent de fléchir.

5. Pour souligner la violence du tremblement de terre, Voltaire invoque les quatre éléments (air, feu, eau, terre) comme forces destructrices. Il attire d'abord l'attention du lecteur sur la mer tourmentée qui détruit les bateaux; ensuite son regard suit le feu qui se propage dans tous les endroits publics; et il décrit les maisons qui deviennent la proie facile des violentes secousses de la terre. Par la construction des phrases (parataxes) il souligne davantage la nature inéluc-

table des événements. Il est logique que les hommes n'échappent pas non plus à cette brutalité: jeune ou vieux, femme ou homme, personne n'est épargné («tout âge», «tout sexe», l. 11). Le chiffre de «trente mille» (l. 11) fait encore ressortir l'ampleur des ravages.

6. Voltaire est un adversaire acharné de l'autodafé. Mais au lieu de condamner ouvertement cette pratique inhumaine, il recourt à l'ironie. Ainsi il parle d'un «bel autodafé» (l. 48) et d'une «grande cérémonie» (l. 50), expressions qui contrastent avec cet acte cruel et qui révèlent son intention de fustiger l'Inquisition. Par la formule «il était décidé par l'université» (l. 48/49) Voltaire montre que les «sages du pays» (l. 47) ne se soucient même pas de justifier ce qu'ils font.

7. Ayant appris que Pangloss a été pendu et que Candide l'a échappé belle, le lecteur se demande comment l'histoire pourrait continuer. A ce moment-là, Voltaire fait entrer en scène une vieille femme qui prononce les mots prometteurs: «Mon fils, prenez courage, suivez-moi.» Cette dernière phrase du chapitre est un élément de suspense emprunté au conte de fées et qui prépare le lecteur à une nouvelle aventure.

Commentaire personnel

8. a) – On peut comprendre cette morale comme l'expression d'une résignation, d'un fatalisme après une vie pleine d'activités et d'aventures: on se détourne de la société et se retire dans la vie privée; on se contente d'un bonheur limité.
   – Mais pour Voltaire, «cultiver notre jardin» est la phrase-clé d'une philosophie pratique qui nous offre un remède au mal qui règne dans le monde; nous pouvons, par notre travail, rendre la terre un peu plus habitable et contribuer ainsi au bonheur des hommes.

   b) D'une part: D'une manière générale, l'homme est capable de mieux se protéger contre les contraintes de la nature: froid, chaleur, sécheresse, pluies, inondations etc. Il a appris à mieux maîtriser les forces de la nature et à en tirer parti: régularisation des cours d'eau, exploitation des ressources énergétiques naturelles etc.
   D'autre part: Il lui est toujours impossible de dominer complètement les éléments déchaînés: inondations, tremblements de terre, éruptions volcaniques, cyclones etc. En plus, l'homme a créé de nouveaux risques en ne

respectant pas l'environnement naturel: déforestation, réchauffement de la terre (effet de serre), trou d'ozone etc.

c) D'une part: des progrès énormes dans le domaine de la technique, des sciences naturelles, de la médecine, de la communication.
D'autre part:
- des problèmes toujours non résolus: la famine, la surpopulation, des maladies incurables etc.;
- de nouveaux risques: le nucléaire, l'armement, la génétique etc.;
- de nouvelles épidémies: le sida;
- des conflits sociaux aggravés: Tiers Monde, pauvreté, racisme etc.;
- paix mondiale menacée: des guerres de plus en plus meurtrières, multiplication des conflits nationaux, terrorisme.

d) Périls: voir 8. b et 8. c
Mesures à prendre:
- développer des technologies plus respectueuses de la nature, des énergies douces;
- économiser les ressources naturelles;
- réduire les déchets;
- contrôler les technologies et inventions nouvelles;
- interdire, diminuer les produits nuisibles (p. ex. CFC);
- être prêt à renoncer à un niveau de vie trop élevé.

Grammaire

9. La condition des écrivains au XVIIIe siècle

A l'aisance bourgeoise, les écrivains ne participent guère. Leur condition matérielle, souvent médiocre et parfois <u>menacée</u>, n'est pas en rapport avec le rôle essentiel <u>qu</u>'ils jouent dans la vie sociale. Beaucoup d'écrivains vivent de leur plume; mais on rétribue <u>mal</u> le travail intellectuel.
Jusqu'en 1777, <u>aucune</u> législation <u>ne</u> fixe le droit de propriété littéraire. Les auteurs peu <u>connus</u> végètent <u>misérablement</u>. Les auteurs célèbres ne sont guère plus favorisés: Montesquieu ne tire aucun profit matériel de son œuvre <u>maîtresse</u>, «L'Esprit des Lois», éditée pourtant 22 fois en moins de deux ans et traduites dans <u>toutes les</u> langues. Seul Voltaire fit fortune, mais son cas est spécial: ses revenus provenaient surtout de ses spéculations financières et des propriétés qu'il <u>avait acquises</u> grâce à <u>elles</u>.

La censure et les persécutions entravent encore la liberté d'expression. La hardiesse croissante des ouvrages suscite des répressions sévères. Ainsi Voltaire fut emprisonné en 1717 pour avoir laissé circuler une satire politique écrite de sa main. La publication de l'Encyclopédie fut suspendue à plusieurs reprises, et un arrêt du Parlement de Paris oblige J.-J. Rousseau à fuir en Suisse, après la publication de l'Emile.

Version

10. Kurze Zeit nach Mai 68, als der damalige Innenminister, an dessen Namen sich die Geschichte nicht erinnern wird, General de Gaulle vorschlug, Jean-Paul Sartre hinter Gitter zu bringen, um ihn daran zu hindern, "La cause du peuple" ("Die Sache des Volkes") zu unterstützen und auf der Straße zu verkaufen, antwortete de Gaulle in imponierender Weise: "Einen Voltaire sperrt man nicht ein." Eine erstaunliche Einsicht, ein richtiges Urteil. Wenn man es genau betrachtet, hatte Voltaire in seinem Jahrhundert die gleiche Stellung und erfüllte die gleiche Funktion wie Gide oder Sartre in ihrem Jahrhundert. (Nämlich) die des "großen Intellektuellen", das heißt (die Funktion) eines der Philosophen, der Schriftsteller, die ihr Talent, ihr Publikum und die Umstände zu Zeugen und zum moralischen Gewissen ihrer Zeit bestimmt haben.
Die Parallelen zwischen Voltaire und Sartre gehen noch weiter. Beide haben, mehr als die anderen, sich in allen literarischen Gattungen versucht (außer, was Sartre betrifft, in der Lyrik, oder zumindest hat er davon kein Aufhebens gemacht, aber er hat Lieder verfaßt) und in all diesen Bereichen mit einem bemerkenswerten öffentlichen Erfolg. Romane, Theaterstücke, Essais, ihr Genie fühlte sich überall heimisch.
Man könnte sich sogar fragen, ob der Streit zwischen Sartre und Camus – der einen grundlegenden Gegensatz überdeckt – nicht 200 Jahre später den zwischen Voltaire und Rousseau wiederaufnimmt, bis hin zu dieser überheblichen Griesgrämigkeit, die Sartre bei Camus feststellte und die sich auch in der Persönlichkeit Rousseaus wiederfindet.

Jean-Jacques Rousseau: Emile ou de l'Education

Dans «Emile ou de l'Education», paru en 1762, Rousseau expose les principes d'une éducation conforme à la nature et poursuit ainsi sa critique d'une société dégénérée et corrompue par l'homme. Par une éducation «négative» et libre, Rousseau veut protéger l'enfant contre l'influence néfaste de la civilisation et recréer «l'homme naturel». Il développe ses idées pédagogiques dans cinq livres qui correspondent aux étapes de l'évolution naturelle de l'enfant. L'extrait suivant est tiré du Livre III consacré à l'éducation intellectuelle et technique des adolescents de 12 à 15 ans.

Rendez votre élève attentif aux phénomènes de la nature, bientôt vous le rendrez curieux; mais, pour nourrir sa curiosité ne vous pressez jamais de la satisfaire. Mettez les questions à sa portée, et laissez-les lui résoudre. Qu'il ne sache rien parce que vous le lui avez dit, mais parce qu'il l'a compris lui-même; qu'il n'apprenne pas la science, qu'il l'invente. Si jamais vous substituez dans son esprit l'autorité à la raison, il ne raisonnera plus; il ne sera plus que le jouet de l'opinion des autres.

Vous voulez apprendre la géographie à cet enfant, et vous lui allez chercher des globes, des sphères, des cartes: que de machines! Pourquoi toutes ces représentations? que ne commencez-vous par lui montrer l'objet même, afin qu'il sache au moins de quoi vous lui parlez!

Une belle soirée on va se promener dans un lieu favorable, où l'horizon bien découvert laisse voir à plein le soleil couchant, et l'on observe les objets qui rendent reconnaissable le lieu de son coucher. Le lendemain, pour respirer le frais, on retourne au même lieu avant que le soleil se lève. On le voit s'annoncer de loin par les traits de feu qu'il lance au-devant de lui. L'incendie augmente, l'orient paraît tout en flammes: à leur éclat on attend l'astre longtemps avant qu'il se montre: à chaque instant on croit le voir paraître; on le voit enfin. Un point brillant part comme un éclair et remplit aussitôt tout l'espace; le voile des ténèbres s'efface et tombe. L'homme reconnaît son séjour et le trouve embelli. La verdure a pris durant la nuit une vigueur nouvelle; le jour naissant qui l'éclaire, les premiers rayons qui la dorent, la montrent couverte d'un brillant réseau de rosée qui réfléchit à l'œil la lumière et les couleurs. Les oiseaux en chœur se réunissent et saluent de concert le Père de la vie; en ce moment pas un seul ne se tait; leur gazouillement, faible encore, est plus lent et plus doux que dans le reste de la journée, il se sent de la langueur d'un paisible réveil. Le concours de tous ces objets porte aux sens une impression de fraîcheur qui semble pénétrer jusqu'à l'âme. Il y a là une demi-heure d'enchantement auquel nul homme ne résiste: un spectacle si grand, si beau, si délicieux, n'en laisse aucun de sang-froid.

Plein d'enthousiasme qu'il éprouve, le maître veut le communiquer à l'enfant: il croit l'émouvoir en le rendant attentif aux sensations dont il est ému lui-même. Pure bêtise! c'est dans le cœur de l'homme qu'est la vie du spectacle de la nature; pour le voir, il faut le sentir. L'enfant aperçoit les objets: mais il ne peut apercevoir les rapports qui les lient, il ne peut entendre la douce harmonie de leur concert. Il faut une expérience qu'il n'a point acquise, il faut des sentiments qu'il n'a pas éprouvés, pour sentir l'impression composée qui résulte à la fois de toutes ces sensations. [...]

Ne tenez point à l'enfant des discours qu'il ne peut entendre. Point de descriptions, point d'éloquence, point de figures, point de poésie. Il n'est pas maintenant question de sentiment ni de goût. Continuez d'être clair, simple et froid; le temps ne viendra que trop tôt de prendre un autre langage. [...]

Dans cette occasion, après avoir bien contemplé avec lui le soleil levant, après lui avoir fait remarquer du même côté les montagnes et les autres objets voisins, après l'avoir laissé causer là-dessus tout à son aise, gardez quelques moments le silence comme un homme qui rêve, et puis vous lui direz: Je songe qu'hier au soir le soleil s'est couché là, et qu'il s'est levé là ce matin, comment peut-il se faire? N'ajoutez rien de plus: s'il vous fait des questions, n'y répondez point; parlez d'autre chose. Laissez-le à lui-même, et soyez sûr qu'il y pensera.

Pour qu'un enfant s'accoutume à être attentif, et qu'il soit bien frappé de quelque vérité sensible, il faut bien qu'elle lui donne quelques jours d'inquiétude avant de la découvrir. S'il ne conçoit pas assez celle-ci de cette manière, il y a moyen de la lui rendre plus sensible encore, et ce moyen c'est de retourner la question. S'il ne sait pas comment le soleil parvient de son coucher à son lever, il sait au moins comment il parvient de son lever à son coucher, ses yeux seuls le lui apprennent. Eclaircissez donc la première question par l'autre: ou votre élève est absolument stupide, ou l'analogie est trop claire pour lui pouvoir échapper. Voilà sa première leçon de cosmographie.

Extrait de: JEAN-JACQUES ROUSSEAU, *Emile ou De L'Education*, Paris (Garnier-Flammarion) 1966, p. 215 – 217.

Annotations

9: *la sphère (céleste): ici* image sphérique du ciel nocturne; 16: *le trait de feu:* lueur; *l'incendie* (m.): *ici* lumière; 17: *l'astre* (m.): corps céleste, soleil; 20: *le voile des ténèbres* (f.): Schleier der Dunkelheit; 22: *dorer:* couvrir d'or; 23: *la rosée:* Tau; 25: *le gazouillement:* chant des oiseaux; 27: *la langueur:* mélancolie rêveuse; *le concours: ici* Zusammenwirken; 55: *retourner: ici* modifier

Devoirs

Questions sur le texte

Compréhension du texte

1. Dégagez les idées pédagogiques que Rousseau illustre dans ce texte. Référez-vous aux lignes 1 – 11 et 39 – 60. 30
2. Expliquez la phrase suivante dans son contexte: «il ne sera plus que le jouet de l'opinion des autres.» (l. 6/7) 10
3. Précisez l'idée exprimée dans la phrase: «c'est dans le cœur de l'homme qu'est la vie du spectacle de la nature.» (l. 33/34) 10

Commentaire de texte

4. En quoi le troisième paragraphe se distingue-t-il des autres passages? Référez-vous au contenu et à la forme de ce paragraphe. 20
5. Quelles qualités l'enfant doit-il posséder pour que les idées pédagogiques de Rousseau puissent devenir fructueuses? 10

Commentaire personnel **40**

6. Exposez, en dix phrases environ, vos idées sur **un** des sujets suivants.
   a) Comment pourrait-on mettre en pratique les idées pédagogiques de Rousseau à notre époque?
   b) Rousseau attribue une grande importance au travail manuel. L'enseignement moderne néglige presque entièrement cet aspect. Est-ce que vous aimeriez que l'école vous offre la possibilité de développer également vos facultés manuelles?
   c) Le «retour à la nature» de Rousseau exerce aujourd'hui une grande fascination. Comment vous expliquez-vous l'actualité des idées rousseauistes?
   d) On constate chez Rousseau un grand décalage entre ses idées pédagogiques et la réalité de sa vie familiale. Il a mis ses cinq enfants aux Enfants Trouvés. Ce fait diminue-t-il à vos yeux la valeur des idées de Rousseau?

Grammaire **20**

7. Complétez et modifiez le texte suivant selon les indications données; écrivez en entier le texte modifié en changeant l'ordre des mots là où ce sera nécessaire et en respectant l'accord. Il faut
   /1/ mettre le mot entre parenthèses à la forme voulue par le contexte;
   /2/ mettre le pronom personnel, possessif ou relatif;
   /3/ remplacer les mots soulignés par le pronom démonstratif;
   /4/ mettre en relief l'expression soulignée;
   /5/ remplacer la proposition relative par une autre construction;
   /6/ mettre le mot entre parenthèses au comparatif;
   /7/ combler la lacune.

Rousseau: 200 ans de modernité
Chaque époque voit Rousseau à son image. Si Jean-Jacques (vivre) /1/ (1)
aujourd'hui, serait-il écologiste, prix Goncourt ou père spirituel d'une
autre Terreur? Chaque époque a son Rousseau, qui prend les couleurs
de la mode. Notre époque /2/ est à l'écologie, à la contestation; le voilà (1)
grand-papa de (tout) /1/ marginaux. (1)
Il est vrai qu'il faudrait à peine transposer sa vie /2/ pour faire de cette (1)
vie la vie /3/ d'un «routard» d'aujourd'hui. Rousseau, premier hippie? (1)
Pourquoi pas? Quand il sera devenu célèbre, il ne (avoir) /1/ de paix (1)
qu'il ne soit installé au fond des bois, à condition qu'il (avoir) /1/ tout (1)
de même de généreux mécènes dans les parages.
Parasite d'une classe privilégiée, Rousseau est le paradoxe (faire) /1/ (1)
homme. Il est le luxe d'une société en décadence, et aux frais d'un
duc /4/ il écrit des ouvrages qui prônent /5/ la République, comme les (1)(1)
écologistes d'à présent sont (difficile) /1/ concevables dans des régimes (1)
(peu libéral) /6,1/ que les régimes /3/ ... /2/ ils combattent. (2)(1)(1)
Quand la gloire ... /2/ tombe sur la tête, ... /7/ 38 ans, Rousseau passe, (1)(1)
... /7/ yeux des Philosophes, pour un des ... /2/. Ils confieront même à (1)(1)
Rousseau /2/ la rédaction des articles musicaux dans l'Encyclopédie. (1)

D'après: MATTHIEU GALEY, «Rousseau: 200 ans de modernité», dans: *L'Express* du 10 juillet 1978, p. 26.

Version **50**

8. Traduisez le texte suivant.

Rousseau le totalitaire, Rousseau l'écologiste, Rousseau «qui a bien peu laissé à inventer à Marat, Marx, Engels» et à «leurs descendants, les gauchistes» (Jean Rouvier).

Diabolique pour les uns, il est celui qui sème la haine: haine de classe, haine de la société policée et urbaine, haine de la patrie des autres. Il serait le vrai père fondateur du stalinisme et du nazisme! Fraternel pour les autres, celui que, avec tendresse, on appelle simplement Jean-Jacques aurait mis l'accent, en termes déjà modernes, sur les imperfections, les vices de notre système social, de notre type d'éducation.

Rousseau ne se laisse donc pas embaumer. Ses œuvres suscitent encore la polémique parce qu'elles portent le fer au cœur de problèmes que nous n'avons pas résolus.

La question centrale qu'il pose est actuelle: quel type de société humaine peut assurer à chaque individu la sécurité, tout en lui permettant de conserver sa liberté?

Rousseau délègue à un Etat fort, expression de la «volonté générale», le soin d'organiser cette société idéale. Elle serait celle de la Vertu et de la Raison.

Extrait de: MAX GALLO, «Rousseau maître penseur?», dans: *L'Express* du 10 juillet 1978, p. 29.

Propositions de solution

Questions sur le texte

1. Rousseau explique les méthodes qu'il faut employer pour instruire l'élève; ce sont des méthodes actives, adaptées aux besoins de l'enfant.
   Il faut d'abord éveiller l'intérêt de l'enfant en l'incitant à l'observation directe de la nature. Il ne faut pourtant pas répondre trop tôt à ses questions, mais prendre soin de poser les questions de telle manière que l'enfant continue à réfléchir et qu'il puisse trouver la réponse tout seul. Ainsi il aura l'impression de découvrir le monde comme un scientifique; si, par contre, on veut lui imposer les connaissances, il cessera de réfléchir lui-même. Il ne faut pas non plus avoir recours à toutes sortes d'artifices, mais faire observer la nature telle qu'elle est.
   En parlant à l'enfant il faut employer un langage simple et clair qui soit adapté à son niveau intellectuel.
   Si l'enfant ne trouve pas la solution d'un problème qui l'a occupé pendant plusieurs jours, il faut l'aider en posant la question d'une manière différente et en trouvant des exemples supplémentaires.

2. Si les connaissances sont imposées à l'enfant par l'autorité d'un maître, il sera incapable de se faire une opinion personnelle. Il adoptera les idées des autres sans y réfléchir et risquera ainsi d'être manipulé.

3. D'après Rousseau, l'approche de la nature ne passe pas par la raison, mais par l'émotion. Si l'homme n'est pas sensible aux phénomènes de la nature, il ne se laissera pas toucher par ses beautés. On essaiera alors en vain de les lui faire comprendre.

4. Dans le troisième paragraphe Rousseau s'écarte de son sujet – l'éducation d'Emile – pour évoquer un lever de soleil. Il ne donne plus de conseils pédagogiques, mais transmet au lecteur les sentiments qu'il éprouve quand il voit le soleil se lever. Le contenu n'est plus instructif comme avant, mais sert uniquement à laisser le lecteur participer aux sensations de l'écrivain. La langue aussi change brusquement. Plus d'impératifs, plus de phrases courtes et sèches, mais un langage plein de métaphores et d'adjectifs. L'auteur décrit les vives impressions que le spectacle de la nature produit chez le spectateur. C'est un passage poétique et lyrique, un «poème en prose».

5. L'enfant doit être à la fois intelligent, logique et sensible. Les méthodes de Rousseau demandent une grande ouverture d'esprit et un vif désir d'apprendre. En plus, l'enfant doit avoir beaucoup de patience pour persévérer dans ses efforts.

Commentaire personnel

6. a) Donner beaucoup de liberté à l'élève; offrir une grande variété de matières et la possibilité de choisir d'après ses capacités et ses intérêts; guider prudemment l'élève sans trop le forcer; employer des méthodes actives et pratiques: observation de l'environnement, confrontation directe avec les problèmes de la société contemporaine; s'instruire mutuellement et faire partager ses expériences; encourager les facultés créatrices.

b) Réponse positive: développer les facultés pratiques de l'élève; éveiller des intérêts jusqu'alors négligés; profiter des expériences faites en dehors de l'école; rendre la vie scolaire plus vivante et plus riche; donner la possibilité de fabriquer un objet, de réaliser une œuvre (p. ex.: cuisine, couture, menuiserie, poterie etc.); préparer l'élève à la vie quotidienne et lui donner l'occasion de découvrir ses propres dons, ce qui faciliterait aussi le choix de la profession.

c) L'environnement en danger: pollution de l'air et des eaux; dégradation des sites; disparition des espèces animales; effet de serre; gaspillage des ressources naturelles; disparition des forêts tropicales; surpopulation et famine dans les pays du Tiers Monde; migrations incontrôlées.
Conséquence: nouvelle prise de conscience: nécessité de protéger la nature; établir un équilibre entre l'économie et l'écologie; sauver la flore et la faune; encourager les recherches environnementales; utiliser des technologies propres; préconiser des ressources énergétiques inépuisables (l'énergie solaire, le vent etc.); économiser les matières premières; accepter une diminution du niveau de vie; réduire le décalage entre pays riches et pauvres.

d) Le problème central est celui de l'écart entre l'idée et la réalité. D'une part: ce déséquilibre est choquant et semble remettre en cause la valeur des idées de Rousseau. D'autre part: ce sont ses idées qui comptent; elles étaient révolutionnaires à l'époque et ont provoqué des changements sociaux d'une grande portée (père spirituel de la Révolution française); et elles sont encore valables aujourd'hui. En plus: on peut constater un écart pareil chez beaucoup d'autres grands esprits.

Grammaire

7. Rousseau: 200 ans de modernité

Chaque époque voit Rousseau à son image. Si Jean-Jacques vivait aujourd'hui, serait-il écologiste, prix Goncourt ou père spirituel d'une autre Terreur? Chaque époque a son Rousseau, qui prend les couleurs de la mode. La nôtre est à l'écologie, à la contestation; le voilà grand-papa de tous les marginaux.
Il est vrai qu'il faudrait à peine la transposer pour faire de cette vie celle d'un «routard» d'aujourd'hui. Rousseau premier hippie? Pourquoi pas? Quand il sera devenu célèbre, il n'aura de paix qu'il ne soit installé au fond des bois, à condition qu'il ait tout de même de généreux mécènes dans les parages.
Parasite d'une classe privilégiée, Rousseau est le paradoxe fait homme. Il est le luxe d'une société en décadence, et c'est aux frais d'un duc qu'il écrit des ouvrages prônant la République, comme les écologistes d'à présent sont difficilement concevables dans des régimes moins libéraux que ceux qu'ils combattent. Quand la gloire lui tombe sur la tête, à 38 ans, Rousseau passe, aux yeux des Philosophes, pour un des leurs. Ils lui confieront même la rédaction des articles musicaux dans l'Encyclopédie.

Version

8. Rousseau, der Totalitäre, Rousseau, der Umweltbewußte, Rousseau, "der Marat, Marx, Engels und ihren Nachfahren, den Linksradikalen, sehr wenig zu erfinden übriggelassen hat" (Jean Rouvier).

Teuflisch für die einen, ist er der, der den Haß sät: den Klassenhaß, den Haß auf die zivilisierte und städtische Gesellschaft, den Haß auf das Vaterland der anderen. Er ist angeblich der wahre Stammvater des Stalinismus und des Nazismus. Brüderlich für die anderen, soll der, den man zärtlich einfach Jean-Jacques nennt, nachdrücklich in schon modernen Worten auf die Unzulänglichkeiten und Fehler unseres Gesellschaftssystems und unserer Form der Erziehung hingewiesen haben.
Rousseau läßt sich also nicht einbalsamieren. Seine Werke lösen immer noch Streit aus, weil sie ins Herz der Probleme zielen, die wir nicht gelöst haben.
Die zentrale Frage, die er stellt, ist (immer noch) aktuell: welche Form der menschlichen Gesellschaft kann jedem einzelnen Sicherheit gewähren und ihm gleichzeitig ermöglichen, seine Freiheit zu bewahren?
Rousseau überträgt einem starken Staat, der Ausdruck des allgemeinen Willens (Volkswillens) ist, die Aufgabe, diese ideale Gesellschaft zu organisieren. Es wäre dies eine Gesellschaft der Tugend und der Vernunft.

Gustave Flaubert: Madame Bovary

«Madame Bovary», publié en 1856, est considéré comme un chef-d'œuvre du réalisme. C'est le roman d'une femme déçue par son mariage avec un médecin de campagne. Charles et Emma mènent une vie tranquille et retirée à Tostes. Un jour d'automne, un événement vient rompre la monotonie de leur existence: ils sont invités à un bal au château du Marquis d'Andervilliers. L'extrait suivant décrit la fin de cette soirée et le retour des époux chez eux.

Après le souper, où il y eut beaucoup de vins d'Espagne et de vins du Rhin, des potages à la bisque et au lait d'amandes, des puddings à la Trafalgar et toutes sortes de viandes froides avec des gelées alentour qui tremblaient dans les plats, les voitures, les unes après les autres, commencèrent à s'en aller. En écartant du coin le rideau de mousseline, on voyait glisser dans l'ombre la lumière de leurs lanternes. Les banquettes s'éclaircirent: quelques joueurs restaient encore; les musiciens rafraîchissaient, sur leur langue, le bout de leurs doigts; Charles dormait à demi, le dos appuyé contre une porte.

A trois heures du matin, le cotillon commença. Emma ne savait pas valser. Tout le monde valsait, Mlle d'Andervilliers elle-même et la marquise; il n'y avait plus que les hôtes du château, une douzaine de personnes à peu près.

Cependant un des valseurs, qu'on appelait familièrement Vicomte, dont le gilet très ouvert semblait moulé sur la poitrine, vint une seconde fois encore inviter Mme Bovary, l'assurant qu'il la guiderait et qu'elle s'en tirerait bien.

Ils commencèrent lentement, puis allèrent plus vite. Ils tournaient: tout tournait autour d'eux, les lampes, les meubles, les lambris, et le parquet, comme un disque sur un pivot. En passant auprès des portes, la robe d'Emma, par le bas, s'ériflait au pantalon; leurs jambes entraient l'une dans l'autre; il baissait ses regards vers elle, elle levait les siens vers lui, une torpeur la prenait, elle s'arrêta. Ils repartirent; et, d'un mouvement plus rapide, le Vicomte, l'entraînant, disparut avec elle jusqu'au bout de la galerie, où, haletante, elle faillit tomber, et, un instant, s'appuya la tête sur sa poitrine. Et puis, tournant toujours, mais plus doucement, il la reconduisit à sa place; elle se renversa contre la muraille et mit la main devant ses yeux.

Quand elle les rouvrit, au milieu du salon, une dame assise sur un tabouret avait devant elle trois valseurs agenouillés. Elle choisit le Vicomte, et le violon recommença.

On les regardait. Ils passaient et revenaient, elle immobile du corps et le menton baissé, et lui toujours dans sa même pose, la taille cambrée, le coude arrondi, la bouche en avant. Elle savait valser, celle-là! ils continuèrent longtemps et fatiguèrent tous les autres.

On causa quelques minutes encore, et, après les adieux, ou plutôt le bonjour, les hôtes du château s'allèrent coucher.

Charles se traînait à la rampe, les genoux *lui rentraient dans le corps*. Il avait passé cinq heures de suite, tout debout devant les tables, à regarder jouer au whist, sans y rien comprendre. Aussi poussa-t-il un grand soupir de satisfaction lorsqu'il eut retiré ses bottes.

Emma mit un châle sur ses épaules, ouvrit la fenêtre et s'accouda.

La nuit était noire. Quelques gouttes de pluie tombaient. Elle aspira le vent humide qui lui rafraîchissait les paupières. La musique du bal bourdonnait encore à ses oreilles, et elle faisait des efforts pour se tenir éveillée, afin de prolonger l'illusion de cette vie luxueuse qu'il lui faudrait tout à l'heure abandonner.

Le petit jour parut. Elle regarda les fenêtres du château, longuement, tâchant de deviner quelles étaient les chambres de tous ceux qu'elle avait remarqués la veille. Elle aurait voulu savoir leurs existences, y pénétrer, s'y confondre.

Mais elle grelottait de froid. Elle se déshabilla et se blottit entre les draps, contre Charles qui dormait. [...]

Quand ils arrivèrent chez eux, le dîner n'était point prêt. Madame s'emporta. Nastasie répondit insolemment.

«Partez! dit Emma. C'est se moquer, je vous chasse.»

Il y avait pour dîner de la soupe à l'oignon, avec un morceau de veau à l'oseille. Charles, assis devant Emma, dit en se frottant les mains d'un air heureux:

«Cela fait plaisir de se retrouver chez soi!» [...]

La journée fut longue, le lendemain. Elle se promena dans son jardinet, passant et revenant par les mêmes allées, s'arrêtant devant les plates-bandes, devant l'espalier, devant le curé de plâtre, considérant avec ébahissement toutes ces choses d'autrefois qu'elle connaissait si bien. Comme le bal déjà lui semblait loin! Qui donc écartait, à tant de distance, le matin d'avant-hier et le soir d'aujourd'hui? Son voyage à la Vaubyessard avait fait un trou dans sa vie, à la manière de ces grandes crevasses qu'un orage, en une seule nuit, creuse quelquefois dans les montagnes. Elle se résigna pourtant; elle serra pieusement dans la commode sa belle toilette et jusqu'à ses souliers de satin, dont la semelle s'était jaunie à la cire glissante du parquet. Son cœur était comme eux: au frottement de la richesse, il s'était placé dessus quelque chose qui ne s'effacerait pas.

Ce fut donc une occupation pour Emma que le souvenir de ce bal. Toutes les fois que revenait le mercredi, elle se disait en s'éveillant: «Ah! il y a huit jours ... il y a quinze jours ... il y a trois semaines, j'y étais!» Et peu à peu, les physionomies se confondirent dans sa mémoire; elle oublia l'air des contredanses; elle ne vit plus nettement les livrées et les appartements; quelques détails s'en allèrent, mais le regret lui resta.

Extrait de: GUSTAVE FLAUBERT, *Madame Bovary*, Paris (Librairie Générale Française, Le Livre de Poche) 1972, p. 61 – 66.

Annotations

2: *le potage à la bisque:* Krebssuppe; 10: *le cotillon:* danse; 14: *le gilet:* vêtement court sans manches; 14: *moulé, e:* enganliegend; 17: *le lambris:* Täfelung;
18: *le pivot:* Zapfen, Stift; 19: *s'érifler:* (provincialisme pour *s'érafler):* streifen;
20: *la torpeur:* Betäubung; 22: *haletant, e:* essoufflé, e; 26: l*e tabouret:* Schemel;
27: *agenouillé, e:* à genoux; 30: *cambrer:* aufrichten, straffen; 37: *le whist:* nom d'un jeu de cartes; 39: *s'accouder:* sich (mit dem Ellbogen) aufstützen; 41: *bourdonner:* summen; 48: *grelotter:* trembler très fort; *se blottir:* sich schmiegen;
54: *l'oseille* (f.): Sauerampfer; 58: *la plate-bande:* Beet; 59: *l'espalier* (m.): Spalier; *le plâtre*: Gips (Statue); *l'ébahissement* (m.): grande surprise;
63: *la crevasse:* (Gletscher-)Spalt; 65: *pieux, se:* fromm; 66: *la cire:* Wachs

Devoirs

Questions sur le texte

Compréhension du texte

1. Comment se déroule la fin de la soirée au château? Dégagez-en les différentes étapes. (Référez-vous aux lignes 1 – 34) 10
2. Décrivez le comportement d'Emma et de Charles après le bal. 20
3. Emma au lendemain du bal: Comment cette soirée a-t-elle transformé sa vie? Quel est le sentiment qui reste? 10

Commentaire de texte

4. Comparez le souper au château au dîner chez les Bovary (l. 1 – 4 et 53/54). 10
5. Comment le rythme de la valse est-il rendu? 10
6. «... elle se renversa contre la muraille et mit la main devant ses yeux.» (l. 24/25) Qu'est-ce que ce geste d'Emma pourrait signifier? 10
7. Quel sentiment Emma éprouve-t-elle lorsqu'elle regarde le Vicomte danser avec une dame de la société (l. 26 – 32)? 10
8. «Son cœur était comme eux: au frottement de la richesse, il s'était placé dessus quelque chose qui ne s'effacerait pas.» (l. 66 – 68) Commentez cette phrase dans le contexte. 10

Commentaire personnel **40**

9. Exposez, en dix phrases environ, vos idées sur **un** des sujets suivants.
   a) Emma, une femme frustrée qui se réfugie dans le rêve – Imaginez la situation d'une femme mariée aujourd'hui qui est désillusionnée.
   b) Comment imaginez-vous personnellement une vie heureuse?
   c) Emma Bovary est souvent comparée à Effi Briest (personnage principal du roman de Theodor Fontane). En quoi les deux héroïnes se ressemblent-elles?
   d) Etudier un long roman célèbre en entier ou lire des extraits de plusieurs romans connus – pesez le pour et le contre.

Grammaire **20**

10. Complétez et modifiez le texte suivant selon les indications données; écrivez en entier le texte modifié en changeant l'ordre des mots là où ce sera nécessaire et en respectant l'accord. Il faut:
   - /1/ ajouter le pronom ou remplacer l'expression soulignée par le pronom qui convient;
   - /2/ remplacer la phrase soulignée par une autre construction;
   - /3/ combler la lacune;
   - /4/ mettre le verbe à la forme voulue par le contexte;
   - /5/ mettre la phrase au passif;
   - /6/ mettre en relief l'expression soulignée;
   - /7/ ajouter la préposition.

La rédaction de *Madame Bovary* fut beaucoup plus longue que Flaubert
ne l'avait prévu. Elle ... /1/ fut aussi très pénible. Entre le 20 septembre (1)
1851 et le mois d'avril 1856, date à ... /1/ il remet le manuscrit au (1)
copiste, la correspondance nous livre les plaintes très nombreuses et
parfois émouvantes de l'écrivain ... /1/ peine sur le long pensum ... /1/ il (1)(1)
s'est imposé, qui travaille au manuscrit /1/ chaque jour des heures (1)
durant, pendant lesquelles il ne s'accorde /2/ que de rares détentes. «La (2)
Bovary m'ennuie» est son leitmotiv. «Ce récit bourgeois me dégoûte»,
confie-t-il le 12 septembre 1853, et encore, ... /3/ octobre 1853: «Quelle (1)
sacrée (maudire) /4/ idée je (avoir) /4/ de prendre un sujet pareil!» (1)(2)
Il envoya la copie le 31 mai 1856 à Maxime Du Camp /5/, et le roman (2)
parut à partir du 1er octobre 1856 dans la *Revue de Paris* ... /1/ il était (1)
codirecteur /6/. Mais les corrections et les suppressions, même ... /1/ (1)(1)
qu'on pratiqua /5/ sans l'aveu de l'auteur, ne furent sans doute pas (1)
suffisantes pour calmer l'indignation de certains lecteurs ... /7/ (2)
l'apparition de cette œuvre nouvelle. Et ce n'est pas le prix de vertu de
l'Académie française ... /1/ l'attendait, mais au contraire les foudres de (1)
la justice.

D'après: GUY RIEGERT, *Flaubert, Madame Bovary. Analyse critique*, Collection *Profil d'une œuvre*, Paris (Hatier) 1971, p. 13–14.

Version **50**

11. Traduisez le texte suivant.

L'art objectif

Le romancier ne peut être vrai que s'il observe l'âme humaine «avec l'impartialité qu'on met dans les sciences physiques», c'est-à-dire sans faire intervenir ses sentiments personnels. «L'artiste, dit Flaubert, doit s'arranger de façon à faire croire à la postérité qu'il n'a pas vécu». Aussi s'efforce-t-il de paraître absent de son œuvre: il souligne ce qui, dans l'hérédité, le milieu, les circonstances, conditionne et explique les actes de ses personnages; et, s'il peint la vie psychologique, il retient surtout ce qu'elle a de concret, d'objectivement perceptible dans ses manifestations.

Sans doute l'impersonnalité absolue est impraticable, mais il faut «par un effort de l'esprit, se transporter dans les personnages, et non pas les attirer à soi.» Flaubert y parvenait, au point de passer des journées entières dans l'illusion. Il s'observait lui-même avec tant de maîtrise qu'il a pu tirer de ses propres émotions les éléments romantiques de Madame Bovary.

Traité dans un esprit objectif, le roman ne saurait obéir à une thèse moralisatrice. Néanmoins toute œuvre vraie porte en elle-même son enseignement et «si le lecteur ne tire pas d'un livre la morale qui doit s'y trouver, c'est que le lecteur est un imbécile ou que le livre est faux». A vrai dire, en dépit de tous ses efforts, Flaubert n'est pas parvenu à réaliser une œuvre parfaitement impersonnelle. Il laisse parfois deviner son humeur, surtout quand il raille la sottise bourgeoise: plutôt qu'une vision impartiale du monde, ses romans reflètent son pessimisme fondamental.

Extrait de: ANDRÉ LAGARDE, LAURENT MICHARD, *XIXe siècle. Les grands auteurs français du programme*, Paris (Bordas) 1965, p. 457.

Propositions de solution

Questions sur le texte

1. A une heure avancée de la nuit on sert un grand repas raffiné accompagné de vins exquis. Après le souper, la plupart des invités partent. Seul un petit cercle d'amis choisis, dont Emma et Charles, restent au château et continuent à s'amuser. C'est alors l'heure de la valse, et c'est maintenant qu'Emma vit ses moments les plus heureux en dansant avec le Vicomte. Vers le petit matin tout le monde est fatigué et va se coucher.

2. Pour Charles, la soirée a été longue et monotone. Il ne s'est guère amusé, et s'est contenté d'observer les autres jouer aux cartes. Soulagé de pouvoir enfin se retirer, il se déshabille et s'endort aussitôt.
   Emma, au contraire, a pleinement goûté chaque instant de la soirée. Malgré sa fatigue elle a du mal à se séparer de l'ambiance luxueuse qui l'a tant fascinée. Elle s'accroche aux sensations qu'elle vient d'éprouver pour jouir encore quelques moments de ce bonheur éphémère. Dans la solitude de la nuit elle se sent encore proche des autres invités dont elle aimerait tant partager la vie. Mais finalement la réalité la rattrape, et, résignée et tremblant de «froid» elle cherche un peu de chaleur dans son lit où Charles dort depuis longtemps.

3. La soirée au château a coupé la vie d'Emma en deux: cela a été la découverte émerveillée d'un autre monde. De retour chez elle, elle regarde son entourage habituel d'un œil nouveau; rien n'est plus comme avant. Pourtant elle sait que le bal n'a été qu'un instant exceptionnel qui ne pouvait pas durer. Peu à peu les souvenirs de cet événement s'estompent, mais la langueur et la nostalgie subsistent.

4. Le contraste entre les deux repas ne pourrait être plus frappant. Au château on offre un festin composé de mets délicieux importés de tous les pays d'Europe et préparés d'une manière raffinée. Chez les Bovary, cependant, on doit se contenter d'un repas frugal qui n'a rien d'appétissant. Ainsi Flaubert souligne l'écart entre la société mondaine du château et le ménage modeste des Bovary.

5. Flaubert ne donne pas une simple description de la danse, mais essaie de traduire directement la cadence de la valse. La longueur régulière des propositions, le rythme saccadé des phrases correspondent au mouvement des danseurs. L'accumulation de noms désignant les objets qui tournent autour

d'Emma accélère encore le rythme et exprime ainsi le vertige dont Emma est prise.

6. Epuisée après le tourbillonnement de la danse, Emma essaie de retrouver son équilibre en s'appuyant contre le mur. Peut-être qu'elle couvre ses yeux de la main pour retenir le bonheur qu'elle vient de vivre. Elle cherche à prolonger ce moment d'exaltation avant de retourner dans la réalité.

7. Emma est certainement prise de jalousie quand elle regarde la dame qui sait si bien danser et qui jouit de l'admiration de tous les invités. La phrase «Elle savait valser, celle-là» révèle qu'Emma éprouve de l'envie envers cette femme dont l'aisance et l'élégance lui sont inaccessibles. Elle se rend compte qu'elle n'appartiendra jamais à cet univers mondain.

8. L'auteur établit un rapport entre les souliers de satin qu'Emma a portés au bal et ses émotions. Les deux, les souliers et le cœur d'Emma, portent l'empreinte de cet événement extraordinaire. Le contact avec le monde romanesque du château a imprégné Emma de souvenirs ineffaçables qui marqueront désormais sa vie.

Commentaire personnel

9. a) Mariée très jeune; impression d'avoir manqué sa jeunesse; formation interrompue; plusieurs naissances; problèmes financiers; excès de travail (enfants et ménage); monotonie de la vie quotidienne; fréquentes absences du mari; manque de distractions; crise sentimentale et conjugale.

   b) Un travail intéressant, créateur; une bonne santé; une vie sentimentale comblée; des conditions matérielles satisfaisantes; des relations amicales; des enfants sans (trop de) problèmes; voyages et distractions etc.

   c) Emma Bovary et Effi Briest:
      - les mêmes initiales: E. et B.;
      - des jeunes filles rêveuses, de caractère romantique;
      - mariées très jeunes à un homme plus âgé et très conventionnel;
      - condamnées à une vie monotone en province;
      - repoussées par une société rigide, pleine de préjugés;
      - mortes à un âge très jeune.

d) La lecture d'un long roman en entier permet de
- faire une étude approfondie;
- analyser la composition du roman;
- suivre l'évolution des personnages;
- connaître aussi les personnages secondaires intéressants;
- apprécier la langue et le style de l'auteur;
- distinguer les différentes perspectives de narration.

La lecture d'extraits courts permet de
- connaître un plus grand nombre d'auteurs;
- acquérir des connaissances littéraires plus amples;
- faire un tour d'horizon de l'histoire littéraire;
- identifier différents styles et époques.

Grammaire

10. La rédaction de *Madame Bovary* fut beaucoup plus longue que Flaubert ne l'avait prévu. Elle lui fut aussi très pénible. Entre le 20 septembre 1851 et le mois d'avril 1856, date à laquelle il remet le manuscript au copiste, la correspondance nous livre les plaintes très nombreuses et parfois émouvantes de l'écrivain qui peine sur le long pensum qu'il s'est imposé, qui y travaille chaque jour des heures durant, en ne s'accordant que de rares détentes. «La Bovary m'ennuie» est son leitmotiv. «Ce récit bourgeois me dégoûte», confie-t-il le 12 septembre 1853, et encore en octobre 1853: «Quelle sacrée maudite idée j'ai eue de prendre un sujet pareil!»
La copie fut envoyée le 31 mai 1856 à Maxime Du Camp, et c'est dans la *Revue de Paris* dont il était codirecteur que parut le roman à partir du 1er octobre 1856. Mais les corrections et les suppressions, même celles qui furent pratiquées sans l'aveu de l'auteur, ne furent sans doute pas suffisantes pour calmer l'indignation de certains lecteurs à l'apparition de cette œuvre nouvelle. Et ce n'est pas le prix de vertu de l'Académie française qui l'attendait, mais au contraire les foudres de la justice.

Version

11. Die objektive Kunst

Der Romanschriftsteller kann nur dann glaubhaft sein, wenn er die menschliche Seele "mit der Unparteilichkeit, mit der man die Physik betreibt", beobachtet, das heißt, ohne seine persönlichen Gefühle einfließen zu lassen. "Der Künstler", sagt Flaubert, "muß es so einrichten, daß er die Nachwelt glauben macht, er habe nicht gelebt." Deshalb bemüht er sich, hinter seinem Werk zu verschwinden: er unterstreicht das, was in der Vererbung, im Milieu, den (äußeren) Umständen die Handlungen seiner Figuren bedingt und erklärt; und, wenn er ihre Psychologie beschreibt, hält er vor allem fest, was sie in ihren Äußerungen an Konkretem und objektiv Wahrnehmbarem hat.

Sicher ist die absolut unpersönliche Darstellung nicht durchführbar, aber man muß sich "durch eine Anstrengung des Geistes in die Personen hineinversetzen und darf sie nicht an sich ziehen (vereinnahmen)". Flaubert gelang das so weitgehend, daß er ganze Tage in der Illusion verbrachte. Er beobachtete sich selbst mit solcher Meisterschaft, daß er aus seinen eigenen Gefühlen die romantischen Elemente der Madame Bovary ableiten konnte.

Ein Roman, der in objektivem Geiste geschrieben ist, kann keiner moralisierenden These gehorchen. Gleichwohl trägt jedes glaubhafte Werk seine Lehre in sich und, "wenn ein Leser einem Buch nicht die Moral entnimmt, die es enthalten soll, so deshalb, weil der Leser ein Dummkopf ist oder weil das Buch unglaubwürdig ist". Offen gestanden ist es Flaubert trotz all seiner Anstrengungen nicht gelungen, ein vollkommen unpersönliches Werk zu schaffen. Er läßt manchmal seine Stimmung (Laune) durchblicken, vor allem, wenn er die bürgerliche Dummheit verspottet: seine Romane spiegeln eher seinen tiefgreifenden Pessimismus wider als eine unparteiische Sicht der Welt.

Emile Zola: Germinal

Emile Zola (1840–1902), qui a fondé le naturalisme littéraire, a laissé une œuvre romanesque énorme. La plupart de ses romans sont groupés dans un grand cycle: «Les Rougon-Macquart, histoire naturelle et sociale d'une famille sous le Second Empire».
«Germinal» (1885), considéré comme son chef-d'œuvre, a été écrit à la suite d'une enquête sur la vie misérable des mineurs et retrace les épisodes d'une grève. Le texte suivant est le début du deuxième chapitre qui introduit les Maheu, famille de mineurs.

Au milieu des champs de blé et de betteraves, le coron des Deux-Cent-Quarante dormait sous la nuit noire. On distinguait vaguement les quatre immenses corps de petites maisons adossées, des corps de caserne ou d'hôpital, géométriques, parallèles, que séparaient les trois larges avenues, divisées en jardins égaux. Et, sur le plateau désert, on entendait la seule plainte des rafales, dans les treillages arrachés des clôtures.

Chez les Maheu, au numéro 16 du deuxième corps, rien ne bougeait. Des ténèbres épaisses noyaient l'unique chambre du premier étage, comme écrasant de leur poids le sommeil des êtres que l'on sentait là, en tas, la bouche ouverte, assommés de fatigue. Malgré le froid vif du dehors, l'air alourdi avait une chaleur vivante, cet étouffement chaud des chambrées les mieux tenues, qui sentaient le bétail humain.

Quatre heures sonnèrent au coucou de la salle du rez-de-chaussée, rien encore ne remua, des haleines grêles sifflaient, accompagnées de deux ronflements sonores. Et, brusquement, ce fut Catherine qui se leva. Dans sa fatigue, elle avait, par habitude, compté les quatre coups du timbre, à travers le plancher, sans trouver la force de s'éveiller complètement. Puis, les jambes jetées hors des couvertures, elle tâtonna, frotta enfin une allumette et alluma la chandelle. Mais elle restait assise, la tête si pesante, qu'elle se renversait entre les deux épaules, cédant au besoin invincible de retomber sur le traversin.

Maintenant, la chandelle éclairait la chambre, carrée, à deux fenêtres, que trois lits emplissaient. Il y avait une armoire, une table, deux chaises de vieux noyer, dont le ton fumeux tachait durement les murs, peints en jaune clair. Et rien autre, des hardes pendues à des clous, une cruche posée sur le carreau, près d'une terrine rouge servant de cuvette. Dans le lit de gauche,

Zacharie, l'aîné, un garçon de vingt et un ans, était couché avec son frère Jeanlin, qui achevait sa onzième année; dans celui de droite, deux mioches, Lénore et Henri, la première de six ans, le second de quatre, dormaient aux bras l'un de l'autre; tandis que Catherine partageait le troisième lit avec sa sœur Alzire, si chétive pour ses neuf ans, qu'elle ne l'aurait même pas sentie près d'elle, sans la bosse de la petite infirme qui lui enfonçait les côtes. La porte vitrée était ouverte, on apercevait le couloir du palier, l'espèce de boyau où le père et la mère occupaient un quatrième lit, contre lequel ils avaient dû installer le berceau de la dernière venue, Estelle, âgée de trois mois à peine.

Cependant, Catherine fit un effort désespéré. Elle s'étirait, elle crispait ses deux mains dans ses cheveux roux, qui lui embroussaillaient le front et la nuque. Fluette pour ses quinze ans, elle ne montrait de ses membres, hors du fourreau étroit de sa chemise, que des pieds bleuis, comme tatoués de charbon, et des bras délicats [...]

Mais un grognement arriva du palier, la voix de Maheu bégayait, empâtée:
– Sacré nom! il est l'heure ... C'est toi qui allumes, Catherine?
– Oui, père ... Ça vient de sonner, en bas.
– Dépêche-toi donc, fainéante! Si tu avais moins dansé hier dimanche, tu nous aurais réveillés plus tôt ... En voilà une vie de paresse!

Et il continua de gronder, mais le sommeil le reprit à son tour, ses reproches s'embarrassèrent, s'éteignirent dans un nouveau ronflement.

La jeune fille, en chemise, pieds nus sur le carreau, allait et venait par la chambre. Comme elle passait devant le lit d'Henri et de Lénore, elle rejeta sur eux la couverture, qui avait glissé; et ils ne s'éveillaient pas, anéantis dans le gros sommeil de l'enfance. Alzire, les yeux ouverts, s'était retournée pour prendre la place chaude de sa grande sœur, sans prononcer un mot.

– Dis donc, Zacharie! et toi, Jeanlin, dis donc! répétait Catherine, debout devant les deux frères, qui restaient vautrés, le nez dans le traversin.

Elle dut saisir le grand par l'épaule et le secouer; puis, tandis qu'il mâchait des injures, elle prit le parti de les découvrir, en arrachant le drap. Cela lui parut drôle, elle se mit à rire, lorsqu'elle vit les deux garçons se débattre, les jambes nues.

– C'est bête, lâche-moi! grogna Zacharie de méchante humeur, quand il se fut assis. Je n'aime pas les farces ... Dire, nom de Dieu! qu'il faut se lever!

Il était maigre, dégingandé, la figure longue, salie de quelques rares poils de barbe, avec les cheveux jaunes et la pâleur anémique de toute la famille. Sa chemise lui remontait au ventre, et il la baissa, non par pudeur, mais parce qu'il n'avait pas chaud.

– C'est sonné en bas, répétait Catherine. Allons, houp! le père se fâche.

Jeanlin, qui s'était pelotonné, referma les yeux, en disant:
– Va te faire fiche, je dors!

[...]
Alzire, silencieuse, le drap au menton, ne s'était pas rendormie. Elle suivait de ses yeux intelligents d'infirme sa sœur et ses deux frères, qui maintenant s'habillaient. Une autre querelle éclata autour de la terrine, les garçons bousculèrent la jeune fille, parce qu'elle se lavait trop longtemps. Les chemises volaient, pendant que, gonflés encore de sommeil, ils se soulageaient sans honte, avec l'aisance tranquille d'une portée de jeunes chiens, grandis ensemble. Du reste, Catherine fut prête la première. Elle enfila sa culotte de mineur, passa la veste de toile, noua le béguin bleu autour de son chignon; et, dans ces vêtements propres du lundi, elle avait l'air d'un petit homme, rien ne lui restait de son sexe, que le dandinement léger des hanches.

– Quand le vieux rentrera, dit méchamment Zacharie, il sera content de trouver le lit défait ... Tu sais, je lui raconterai que c'est toi.

Le vieux, c'était le grand-père, Bonnemort, qui, travaillant la nuit, se couchait au jour; de sorte que le lit ne refroidissait pas, il y avait toujours dedans quelqu'un à ronfler.

Sans répondre, Catherine s'était mise à tirer la couverture et à la border. Mais, depuis un instant, des bruits s'entendaient derrière le mur, dans la maison voisine. Ces constructions de briques, installées économiquement par la Compagnie, étaient si minces, que les moindres souffles les traversaient. On vivait coude à coude, d'un bout à l'autre; et rien de la vie intime n'y restait caché, même aux gamins.

Extrait de : EMILE ZOLA, *Germinal*, Paris (Bookking International) 1993, p. 20–23.

Annotations

1: *la betterave:* Rübe; *le coron:* groupe d'habitations ouvrières; 3: *adossé, e:* qui s'appuie le dos contre qc.; 6: *la rafale:* coup de vent violent; *le treillage:* Lattenwerk; *la clôture:* Zaun; 8: *les ténèbres* (f.): obscurité profonde; *noyer:* envelopper; 10: *assommé, e:* übermannt; 11: *la chambrée:* ensemble de personnes logeant dans une même chambre; 14: *grêle:* piepsig; 14/15: *le ronflement:* Schnarchen; 16: *le timbre: ici* Schlagen der Uhr; 18: *tâtonner:* herumtasten; 21: *le traversin:* Schlummerrolle; 24: *le noyer:* Nußbaum; *fumeux, se:* qui manque de clarté; 25: *les 'hardes* (f.): vêtements usagés; 26: *la cuvette:* Waschschüssel; 28: *le/la mioche:* enfant; 31: *chétif, ve:* de faible constitution; 33: *le palier:* Treppenabsatz; 34: *le boyau:* enger Gang; 37: *s'étirer:* étendre ses membres; *crisper:* contracter ses muscles; 38: *embroussailler: ici* mit Haaren bedecken; 39: *fluet, te:* mince, faible; 40: *le fourreau:* eng anliegendes Kleid; *tatouer:* tätowieren; 42: *bégayer:* parler avec difficulté, balbutier; *empâté, e:* belegt; 51: *anéantir:* détruire complètement; 55: *vautré, e:* couché; 57: *prendre le parti de:* décider; 62: *dégingandé, e:* disproportionné; 67: *se pelotonner:* sich zusammenkauern; 68: *va te faire fiche:* va au diable!; 74: *se soulager* (fam.): pinkeln; 75: *la portée:* ensemble de petits (Wurf); 77: *le béguin:* Haube; *le chignon:* Haarknoten; 79: *le dandinement des hanches:* Hüftwackeln; 85: *border la couverture:* die Decke einschlagen; 87: *la brique:* Ziegelstein

Devoirs

Questions sur le texte

Compréhension du texte

1. Décrivez les conditions de logement de la famille Maheu. 20
2. Expliquez le double rôle que joue Catherine. 10
3. Qu'est-ce qui distingue Alzire des autres enfants? 10
4. Caractérisez les relations entre les membres de la famille Maheu. 20
5. Décrivez l'attitude des enfants vis-à-vis de leur corps. 10

Commentaire de texte

6. Commentez la manière dont l'auteur introduit la famille Maheu. Référez-vous au deuxième paragraphe. 10
7. Pourquoi l'auteur insiste-t-il tellement sur la fatigue? Qu'est-ce qu'il veut exprimer par ce fait? 10
8. Qu'est-ce qui caractérise physiquement tous les membres de la famille Maheu? A quoi est dû ce trait caractéristique? 10

Commentaire personnel **40**

9. Exposez, en dix phrases environ, vos idées sur **un** des sujets suivants.
   a) De quelle manière de mauvaises conditions de logement influencent-elles le comportement social des jeunes?
   b) Trois générations sous un toit. Avantages et problèmes.
   c) Aimeriez-vous avoir beaucoup d'enfants plus tard? Pourquoi (pas)?
   d) Si vous avez vu le film «Germinal» réalisé par Claude Berri: Donnez vos impressions.

Grammaire **20**

10. Complétez et modifiez le texte suivant selon les indications données; écrivez en entier le texte modifié en changeant l'ordre des mots là où ce sera nécessaire et en respectant l'accord. Il faut
  /1/ remplir la lacune;
  /2/ mettre le mot entre parenthèses à la forme voulue par le contexte;
  /3/ remplacer l'expression soulignée par un pronom;
  /4/ remplacer la phrase soulignée par une autre construction;
  /5/ mettre le pronom relatif;
  /6/ mettre le mot entre parenthèses au superlatif;
  /7/ mettre en relief l'expression soulignée.

La misère des mineurs
Emile Zola croit ... /1/ principes d'un déterminisme universel; pour lui, (1)
sentiments et caractères sont (rigoureux) /2/ déterminés par des lois (1)
semblables aux lois /3/ de la biologie et de la physiologie. Les lois de (2)
l'hérédité sont particulièrement importantes. Dans son grand cycle de
romans, «Les Rougon-Macquart», Zola essaie d'exposer l'action de ces
lois de la manière suivante: il nous raconte /4/ l'histoire d'une famille (2)
durant cinq générations successives. Il s'intéresse aux plus basses
couches de la société, ... /5/ il aime à décrire la vie sous ses aspects (1)
(brutal) /6/. Avec ses œuvres /7/, la langue vulgaire, l'argot fait son (2)(1)
entrée dans la littérature.
Dans son célèbre roman «Germinal», Zola décrit avec un réalisme
brutal les conditions de vie et de travail dans ... /5/ les mineurs végètent (1)
plus qu'ils ne vivent. Il peint leur désespoir (grandir) /2/, qui les pousse (1)
finalement à la révolte (ouvrir) /2/, mais qui les fait retomber dans une (2)
misère plus grande encore. Le titre du roman fait allusion à la
fermentation souterraine, au proche éclatement d'une révolte sociale,
par ... /5/ le prolétariat essaie de se libérer de son oppression matériellle (1)
et morale.
Le roman se rattache par le personnage d'Etienne Lantier à la série des
«Rougon-Macquart», mais le sujet n'a pas ... /1/ rapport direct avec le (1)
cycle. Etienne, à la recherche de travail, arrive à Montsou, dans le
Nord, et se fait embaucher à la mine. Il loge chez les Maheu, famille ...
/5/ (tout) /2/ membres travaillent au charbon, devient amoureux de leur (1)(1)
fille Catherine, ... /5/ dispute un autre mineur, Chaval, à Maheu /3/. (1)(1)

D'après: «La misère des mineurs», dans: *La Civilisation Française II: La Littérature Française,* Frankfurt a. M. (Hirschgraben) 1976, p. 221.

Version 50

11. Traduisez le texte suivant.
(Le roman de Zola a été porté à l'écran par Claude Berri en 1992.)

Pourquoi Germinal?

Je suis né Faubourg Saint-Denis, dans un quartier populaire de Paris. Mon père m'a toujours parlé, dès ma plus tendre enfance, des injustices de ce monde. Il a dû rêver d'un «monde meilleur», et puis perdre ses illusions. J'avais une dizaine d'années quand il m'emmenait dans des manifestations qui rassemblaient des dizaines de milliers de personnes.

J'ai eu une vie différente de celle de mon père. Matériellement, j'ai basculé de «l'autre côté», mais je crois que mon cœur bat encore à l'unisson avec le sien. Quand je pense à Germinal, je suis à côté de mon père, aux côtés des mineurs qui crient parce qu'ils ont faim.

J'ai commencé par faire des films auto-biographiques. J'ai longtemps cru que mon regard sur le monde devait s'exprimer à travers mon expérience personnelle. Aujourd'hui, je sais que je peux être «moi-même» en passant par le génie intemporel de Zola.

Je veux faire entendre ce CRI éternel que Zola a poussé il y a plus d'un siècle et qui doit résonner aussi fort aujourd'hui. C'est pour son message de liberté et d'amour, pour l'annonce faite aux écrasés que le bonheur est possible, et qu'il est aussi leur affaire, mais également pour l'observation de la nature humaine qui rend cette œuvre si complexe, que je veux faire ce film.

Extrait d'un texte écrit par Claude Berri pour la *Commission d'Avance sur Recettes* en mai 1992. (Prospekt zum Film).

Propositions de solution

Questions sur le texte

1. La famille Maheu habite une des petites maisons d'un ensemble monotone, de formes géométriques, rappelant les casernes et dépersonnalisé davantage encore par les numéros. La maison comprend une salle au rez-de-chaussée et une chambre au premier étage où couchent tous les membres de la famille: les parents, les sept enfants et le grand-père. La chambre est meublée du strict nécessaire. Il y a trois lits que se partagent les six grands enfants et dont l'un est occupé pendant la journée par le grand-père qui travaille la nuit. Les parents et le bébé dorment dans un quatrième lit un peu à part.
   Les Maheu vivent donc dans une étroitesse qui ne permet aucune intimité . Ce manque est encore renforcé par la mauvaise construction des maisons dont les murs peu épais font passer le moindre bruit venant de la famille voisine.

2. Catherine est la fille aînée; elle a quinze ans et travaille déjà à la mine. Le matin, c'est elle qui se lève la première et qui réveille les autres. Celle qui paraît si frêle dans sa chemise de nuit, a le plus d'énergie le matin et entoure les autres de ses soins. Dans ses vêtements de mineur elle perd son allure de jeune fille et prend un air presque masculin. On voit alors que malgré son âge encore très jeune et son apparence fragile elle assume déjà une double responsabilité, à la maison et à l'extérieur.

3. Agée de neuf ans, Alzire est la deuxième fille. Tandis que ses frères et sœurs sont de constitution sinon robuste, du moins normale, elle est atteinte d'une infirmité: son dos est déformé par une bosse. Mais ce handicap physique est compensé par un esprit vif et une intelligence lucide dus à ce qu'elle observe avec attention et en silence tout ce qui se passe autour d'elle.

4. Comme les Maheu sont forcés de vivre entassés dans deux pièces et de partager les lits, il y a entre eux une intimité toute naturelle. Mais on comprend aussi que dans une telle étroitesse et surtout à quatre heures du matin l'atmosphère soit tendue par moments. Le père et le grand frère Zacharie, tirés du sommeil, sont de mauvaise humeur et s'excitent facilement. Leur ton est rude et grondeur. Catherine, plus joyeuse et équilibrée, réagit avec calme aux reproches et aux injures des deux hommes; elle est même capable de plaisanter et de rire.

On peut donc dire que malgré les mauvaises conditions de vie les relations familiales ne manquent pas de solidarité.

5. Ayant grandi ensemble, les enfants ont une attitude très naturelle vis-à-vis de leur corps; ils sont sans pudeur et acceptent la nudité comme quelque chose de très normal. Zacharie descend sa chemise parce qu'il a froid et non pas pour éviter les regards de sa sœur. De même, les garçons se déshabillent sans gêne pour se laver et n'ont pas honte de faire leurs besoins l'un devant l'autre.

6. Quand l'auteur mentionne les Maheu pour la première fois, la description ne rappelle en rien une famille normale. Il nous les présente plutôt comme une masse d'êtres sans aucune individualité, réduits à l'état inconscient et passif du sommeil. Ils sont serrés comme des bêtes dans la chaleur et l'odeur d'un lieu qui ressemble plus à une étable qu'à une chambre à coucher.

7. La fatigue est le leitmotiv de cette scène matinale. Avant même qu'on connaisse les différents membres de la famille, on apprend qu'ils sont «assommés de fatigue» (l. 10). Et à chaque fois que l'auteur introduit un nouveau personnage, il reprend le même motif. En insistant sur ce besoin presque invincible de sommeil, l'auteur veut souligner les conditions de travail extrêmement dures qui épuisent toutes les forces physiques.

8. Ce qui caractérise physiquement les membres de la famille Maheu, c'est – outre la couleur jaune des cheveux – le teint blanc du visage. Comme la fatigue, cette pâleur est due au travail dans les mines souterraines. Travaillant au fond du matin au soir, les mineurs ne voient presque jamais la lumière du jour, ce qui donne à leur peau cette couleur blême et maladive. En plus, ils sont exposés aux effets nocifs de la poussière du charbon.

Commentaire personnel

9. a) Mauvaises conditions de logement: logements exigus, mal isolés; tours de béton; bâtiments délabrés; manque de verdure; ghettos; banlieue sans équipements collectifs.
Conséquences: sentiment de malaise, manque d'intimité, anonymat, manque de distractions; conflits familiaux, déséquilibre psychique, agressivité, fuite dans l'alcool et la drogue, formation de bandes, criminalité.
Conclusion: un cercle vicieux souvent sans issue.

b) Les grandes familles sont devenues rares, surtout dans les villes.
Avantages:
- Une grande maison est moins chère que plusieurs appartements.
- On peut s'entr'aider.
- Les vieux ne sont pas exclus.
- Les rapports familiaux sont plus étroits.

Problèmes:
- manque de logements spacieux;
- conflits de générations, source de disputes;
- manque d'indépendance, nombre de contraintes et de tâches ménagères;
- mobilité très limitée.

c) Oui: Une famille nombreuse
- offre une vie familiale très riche;
- empêche d'être trop égoïste;
- favorise une attitude de solidarité (aide mutuelle);
- développe le sens des contacts.

Non:
- Les enfants coûtent très cher.
- La mère est surmenée.
- Il est difficile de trouver un appartement spacieux.
- Les familles nombreuses sont mal vues par la société.
- Les perspectives d'avenir pour les enfants ne sont pas très encourageantes.

d) Réponses individuelles

Grammaire

10. Emile Zola croit aux principes d'un déterminisme universel; pour lui, sentiments et caractères sont rigoureusement déterminés par des lois semblables à celles de la biologie et de la physiologie. Les lois de l'hérédité sont particulièrement importantes. Dans son grand cycle de romans «Les Rougon-Macquart», Zola essaie d'exposer l'action de ces lois en nous racontant l'histoire d'une famille durant cinq générations successives. Il s'intéresse aux plus basses couches de la société, dont il aime à décrire la vie sous ses aspects les plus brutaux. C'est avec ses œuvres que la langue vulgaire, l'argot fait son entrée dans la littérature.
Dans son célèbre roman «Germinal», Zola décrit avec un réalisme brutal les conditions de vie et de travail dans lesquelles les mineurs végètent plus qu'ils ne vivent. Il peint leur désespoir grandissant, qui les pousse finalement à la révolte ouverte, mais qui les fait retomber dans une misère plus grande encore. Le titre du roman fait allusion à la fermentation souterraine, au proche éclatement d'une révolte sociale, par laquelle le prolétariat essaie de se libérer de son oppression matérielle et morale.
Le roman se rattache par le personnage d'Etienne Lantier à la série des «Rougon-Macquart», mais le sujet n'a pas de rapport direct avec le cycle. Etienne, à la recherche de travail, arrive à Montsou, dans le Nord, et se fait embaucher à la mine. Il loge chez les Maheu, famille dont tous les membres travaillent au charbon, devient amoureux de leur fille Catherine, que lui dispute un autre mineur, Chaval.

Version

11. Warum Germinal?
Ich bin im Faubourg Saint-Denis, in einem Arbeiterviertel von Paris, geboren. Seit meiner frühesten (zartesten) Kindheit hat mir mein Vater immer von den Ungerechtigkeiten dieser Welt erzählt. Er hat wohl von einer "besseren Welt" geträumt und dann seine Illusionen verloren. Ich war etwa zehn Jahre alt, als er mich auf Demonstrationen mitnahm, die Zehntausende von Personen versammelten.
Mein Leben verlief anders als das meines Vaters. In materieller Hinsicht bin ich auf "die andere Seite" geschwenkt, aber ich glaube, mein Herz schlägt noch im Gleichklang mit seinem (Herzen). Wenn ich an Germinal denke, bin ich an der Seite meines Vaters, an der Seite der Bergleute, die vor Hunger schreien.

Ich habe zunächst autobiographische Filme gemacht. Lange Zeit glaubte ich, daß mein Blick auf die Welt sich durch meine persönliche Erfahrung Ausdruck verschaffen sollte. Heute weiß ich, daß ich auf dem Weg über das zeitlose Genie Zolas ich selbst sein kann.
Ich möchte jenen ewigen Schrei vernehmen lassen, den Zola vor mehr als einem Jahrhundert ausgestoßen hat und der heute ebenso laut erklingen muß. Ich will diesen Film machen wegen seiner Botschaft der Freiheit und Liebe, wegen seiner Verkündigung an die Erniedrigten, daß das Glück möglich ist und daß es auch für sie da ist (ihre Sache ist), aber auch wegen der Beobachtung der menschlichen Natur, die das Werk so vielschichtig macht.

Guy de Maupassant: Le Gueux

Maupassant (1850-1893) a passé les vingt premières années de sa vie en Normandie où il a acquis une connaissance intime de la campagne normande et de ses habitants. Dans de nombreux contes il utilise ses souvenirs pour peindre les paysans de sa province natale.

Il avait connu des jours meilleurs, malgré sa misère et son infirmité.

A l'âge de quinze ans, il avait eu les deux jambes écrasées par une voiture sur la grand'route de Varville. Depuis ce temps-là, il mendiait en se traînant le long des chemins, à travers les cours des fermes, balancé sur ses béquilles qui lui avaient fait remonter les épaules à la hauteur des oreilles. Sa tête semblait enfoncée entre deux montagnes.

Enfant trouvé dans un fossé par le curé des Billettes, la veille du jour des morts, et baptisé pour cette raison Nicolas Toussaint, élevé par charité, demeuré étranger à toute instruction, estropié après avoir bu quelques verres d'eau-de-vie offerts par le boulanger du village, histoire de rire, et, depuis lors vagabond, il ne savait rien faire autre chose que tendre la main.

Autrefois la baronne d'Avary lui abandonnait pour dormir, une espèce de niche pleine de paille, à côté du poulailler, dans la ferme attenante au château: et il était sûr, aux jours de grande famine, de trouver toujours un morceau de pain et un verre de cidre à la cuisine. Souvent il recevait encore là quelques sols jetés par la vieille dame du haut de son perron ou des fenêtres de sa chambre. Maintenant elle était morte.

Dans les villages, on ne lui donnait guère: on le connaissait trop; on était fatigué de lui depuis quarante ans qu'on le voyait promener de masure en masure son corps loqueteux et difforme sur ses deux pattes de bois. Il ne voulait point s'en aller cependant, parce qu'il ne connaissait pas autre chose sur la terre que ce coin de pays, ces trois ou quatre hameaux où il avait traîné sa vie misérable. Il avait mis des frontières à sa mendicité et il n'aurait jamais passé les limites qu'il était accoutumé de ne point franchir. [...]

Il n'avait pas de refuge, pas de toit, pas de hutte, pas d'abri. Il dormait partout, en été, et l'hiver il se glissait sous les granges ou dans les étables avec une adresse remarquable. [...]

Il vivait comme les bêtes des bois, au milieu des hommes, sans connaître personne, sans aimer personne, n'excitant chez les paysans qu'une sorte de mépris indifférent et d'hostilité résignée. On l'avait surnommé «Cloche», parce qu'il se balançait, entre ses deux piquets de bois ainsi qu'une cloche entre ses portants.

Depuis deux jours, il n'avait point mangé. Personne ne lui donnait plus rien. On ne voulait plus de lui à la fin. Les paysannes, sur leurs portes, lui criaient de loin en le voyant venir:
«Veux-tu bien t'en aller, manant! V'là pas trois jours que j't'ai donné un morciau d'pain!»

Et il pivotait sur ses tuteurs et s'en allait à la maison voisine, où on le recevait de la même façon.

Les femmes déclaraient, d'une porte à l'autre:
«On n'peut pourtant pas nourrir ce fainéant toute l'année.»

Cependant le fainéant avait besoin de manger tous les jours. [...]

C'était en décembre, un vent froid courait sur les champs, sifflait dans les branches nues; et les nuages galopaient à travers le ciel bas et sombre, se hâtant on ne sait où. L'estropié allait lentement, déplaçant ses supports l'un après l'autre d'un effort pénible. [...]

De temps en temps, il s'asseyait sur le fossé et se reposait quelques minutes. La faim jetait une détresse dans son âme confuse et lourde. Il n'avait qu'une idée: «manger», mais il ne savait par quel moyen.

Pendant trois heures, il peina sur le long chemin; puis quand il aperçut les arbres du village, il hâta ses mouvements.

Le premier paysan qu'il rencontra, et auquel il demanda l'aumône, lui répondit:
«Te r'voilà encore, vieille pratique! Je s'rons donc jamais débarrassés de té?»

Et Cloche s'éloigna. De porte en porte on le rudoya, on le renvoya sans lui rien donner. Il continuait cependant sa tournée, patient et obstiné. Il ne recueillit pas un sou.

Alors il visita les fermes, déambulant à travers les terres molles de pluie, tellement exténué qu'il ne pouvait plus lever ses bâtons. On le chassa de partout.

Quand il eut fini la visite de toutes les maisons qu'il connaissait, il alla s'abattre au coin d'un fossé, le long de la cour de maître Chiquet. [...]

Il attendait on ne sait quoi, de cette vague attente qui demeure constamment en nous. [...] Une bande de poules noires passait, cherchant sa vie dans la terre qui nourrit tous les êtres. A tout instant, elles piquaient d'un coup de bec un grain ou un insecte invisible, puis continuaient leur recherche lente et sûre.

Cloche les regardait sans penser à rien; puis il lui vient, plutôt au ventre que dans la tête, la sensation plutôt que l'idée qu'une de ces bêtes-là serait bonne à manger grillée sur un feu de bois mort.

Le soupçon qu'il allait commettre un vol ne l'effleura pas. Il prit une pierre à portée de sa main, et, comme il était adroit, il tua net en la lançant, la volaille la plus proche de lui. [...] Et maître Chiquet, exaspéré, se précipitant sur le maraudeur, le roua de coups, tapant comme un forcené, comme tape un paysan volé, avec le poing et avec le genou par tout le corps de l'infirme, qui ne pouvait se défendre.

Les gens de la ferme arrivaient à leur tour qui se mirent avec le patron à assommer le mendiant. Puis, quand ils furent las de le battre, ils le ramassèrent et l'emportèrent, et l'enfermèrent dans le bûcher pendant qu'on allait chercher les gendarmes.

Cloche, à moitié mort, saignant et crevant de faim, demeura couché sur le sol. Le soir vint, puis la nuit, puis l'aurore. Il n'avait toujours pas mangé.

Vers midi, les gendarmes parurent et ouvrirent la porte avec précaution, s'attendant à une résistance, car maître Chiquet prétendait avoir été attaqué par le gueux et ne s'être défendu qu'à grand'peine.
Le brigadier cria:
«Allons, debout!»

Mais Cloche ne pouvait plus remuer, il essaya bien de se hisser sur ses pieux, il n'y parvint point. On crut à une feinte, à une ruse, à un mauvais vouloir de malfaiteur, et les deux hommes armés, le rudoyant, l'empoignèrent et le plantèrent de force sur ses béquilles.

La peur l'avait saisi, cette peur native des baudriers jaunes, cette peur du gibier devant le chasseur, de la souris devant le chat. Et, par des efforts surhumains, il réussit à rester debout.

«En route!» dit le brigadier. Il marcha. Tout le personnel de la ferme le regardait partir. Les femmes lui montraient le poing; les hommes ricanaient, l'injuriaient: on l'avait pris enfin! Bon débarras.

Il s'éloigna entre ses deux gardiens. Il trouva l'énergie désespérée qu'il lui fallait pour se traîner encore jusqu'au soir, abruti, ne sachant seulement plus ce qui lui arrivait, trop effaré pour rien comprendre.

Les gens qu'on rencontrait s'arrêtaient pour le voir passer, et les paysans murmuraient:
«C'est quéque voleux!»

On parvint, vers la nuit, au chef-lieu du canton. Il n'était jamais venu jusque-là. Il ne se figurait pas vraiment ce qui se passait, ni ce qui pouvait survenir. Toutes ces choses terribles, imprévues, ces figures et ces maisons nouvelles le consternaient.

Il ne prononça pas un mot, n'ayant rien à dire, car il ne comprenait plus rien. Depuis tant d'années d'ailleurs qu'il ne parlait à personne, il avait à peu près perdu l'usage de sa langue: et sa pensée aussi était trop confuse pour se formuler par des paroles.

On l'enferma dans la prison du bourg. Les gendarmes ne pensèrent pas qu'il pouvait avoir besoin de manger, et on le laissa jusqu'au lendemain.

Mais, quand on vint pour l'interroger, au petit matin, on le trouva mort, sur le sol. Quelle surprise!

GUY DE MAUPASSANT, «Le Gueux», dans: *Contes et nouvelles*, tome I, Paris (Nouveaux Classiques Larousse) 1974, p. 121 – 126.

Annotations

Titel: *le gueux:* mendiant, Bettler; 4: *les béquilles* (f.): Krücken; 9: *estropié, e:* blessé, privé d'un membre; 13: *le poulailler:* Hühnerstall; *attenant, e à:* qui touche à; 16: *les sols:* les sous; 20: *la masure:* petite habitation misérable; *loqueteux, se:* zerlumpt; *les pattes* (f.) *de bois: ici* béquilles; 22: *le hameau:* groupe de quelques maisons; 23: *la mendicité:* Bettelei; 26: *la grange:* Scheune; *l'étable* (f.): Stall; 31: *les piquets* (m.) *de bois: ici* béquilles; 32: *les portants* (m.): Stützen; 36: *le manant:* homme grossier sans éducation; 38: *pivoter:* tourner; *les tuteurs* (m.): *ici* béquilles; 41: *le fainéant:* personne paresseuse; 45: *les supports* (m.): *ici* béquilles; 48: *la détresse:* sentiment de solitude; 50: *peiner:* se donner du mal; 52: *l'aumône* (f.): l'argent qu'on donne à celui qui est dans la misère; 54: *vieille pratique:* vieille connaissance; 54/55: *«Je s'rons donc jamais débarrassés de té?»:* «Je ne serai donc jamais débarrassé de toi?»; 56: *rudoyer:* traiter avec des paroles dures; 59: *déambuler:* marcher sans but précis; 60: *exténué, e:* épuisé; 63: *s'abattre:* se laisser tomber; 67: *le bec:* Schnabel; 72: *effleurer: ici* in den Sinn kommen; 73/74: *la volaille:* Geflügel; 74: *exaspéré, e:* furieux; 75: *le maraudeur:* voleur; *le forcené:* personne fanatique; 79: *assommer:* frapper très fort; 80: *le bûcher: ici* Holzstall; 89/90: *se hisser sur ses pieux* (m.): sich auf seinen Stützen aufrichten; 91/92: *empoigner:* saisir vivement; 93: *le baudrier:* Waffengurt; 93/94: *le gibier:* Wild; 98: *bon débarras:* welche Erleichterung; 101: *effaré, e:* stupéfait, affolé; 104: *C'est quéque voleux!:* C'est quelque voleur!

Devoirs

Questions sur le texte

Compréhension du texte

1. Caractérisez les paysans et les paysannes en tenant compte de leur comportement et de leur attitude vis-à-vis du gueux. 20
2. «Il avait connu des jours meilleurs, malgré la misère et son infirmité» (l. 1) A quelle période de la vie du gueux cette phrase se réfère-t-elle? Décrivez-la brièvement. 10
3. Décrivez le cadre et le milieu social dans lequel se déroule ce récit. 10
4. Racontez brièvement l'enfance et la jeunesse du gueux. 10

Commentaire de texte

5. Etudiez la langue de ce récit en vous référant aux lignes 25–61. Par quels moyens stylistiques Maupassant réussit-il à décrire la misère du gueux? 20
6. Etudiez la description des poules (l. 65–68) et expliquez sa fonction dans le récit. 10
7. «Quelle surprise!» (l. 116) Commentez cette phrase. 10
8. Quelle vision du monde ce récit révèle-t-il? Justifiez votre réponse. 10

Commentaire personnel **40**

9. Exposez, en dix phrases environ, vos idées sur **un** des sujets suivants.
   a) Est-ce que le sort du gueux que Maupassant décrit dans sa nouvelle est lié aux conditions sociales du XIXe siècle ou pourrait-on imaginer un drame pareil aujourd'hui?
   b) Le nombre des nouveaux pauvres et des SDF (sans domicile fixe) augmente. Essayez d'expliquer ce phénomène.
   c) La marginalisation constitue un problème majeur de notre société. Que pourrait-on faire pour faciliter l'intégration des minorités sociales et ethniques?

d) Comme beaucoup d'autres contes de Maupassant «Le Gueux» est un texte très pessimiste. Est-ce que vous avez l'impression de lire trop de littérature «négative» à l'école? Justifiez votre réponse en donnant des exemples.

Grammaire **20**

10. Complétez et modifiez le texte suivant selon les indications données; écrivez en entier le texte modifié en changeant l'ordre des mots là où ce sera nécessaire et en respectant l'accord. Il faut:
    /1/ mettre le pronom relatif;
    /2/ mettre le verbe entre parenthèses à la forme du passé voulue par le contexte;
    /3/ remplacer l'expression soulignée par un pronom;
    /4/ remplacer l'expression soulignée par une autre construction;
    /5/ combler la lacune;
    /6/ mettre le superlatif;
    /7/ mettre le mot entre parenthèses à la forme voulue par le contexte.

On peut grouper les contes de Maupassant d'après les sujets ... /1/ il (1)
(traiter) /2/. Il y a les contes /3/ qui racontent les événements de la (2)(1)
guerre de 1870/71, les contes du genre fantastique qui font /4/, en (1)
partie, prévoir le triste sort qui (réserver) /2/ à l'auteur. Mais la plu- (2)
part ... /5/ lecteurs regardent les contes paysans, les contes normands (1)
comme (bon) /6/. (2)
«La ficelle» compte pour un des chefs-d'œuvre du genre. C'est l'histoire
d'un paysan normand qu'on soupçonne /4/ d'avoir subtilisé un porte- (1)
feuille. Il n'arrive pas à se laver de ce soupçon, ... /1/ le chagrine (1)
d'autant plus qu'il serait tout à fait capable de faire ... /1/ on reproche au (1)
paysan /3/. Il prend cette affaire tellement à cœur qu'il meurt de cette (1)
affaire /3/ quelques mois plus tard. (1)
L'exposition de ce conte peut être mise en parallèle avec l'exposition /3/ (1)
de «Madame Bovary»; elle est admirable. ... /1/ l'est aussi, c'est la (1)
manière ... /1/ Maupassant, quand il raconte /4/ l'aventure personnelle (1)(1)
de Maître Hauchecorne, met en relief le caractère typique des
Normands, et en arrive aux traits plus (général) /7/ humains. (1)

D'après: GUY DE MAUPASSANT: *Contes choisis*, Frankfurt a. M. (Hirschgraben) 1961, p. 5.

Version **50**

11. Traduisez le texte suivant.

Les œuvres de Maupassant sont très lues, et pourtant il est assez méconnu. Les uns le méprisent un peu parce qu'il n'est pas un grand théoricien littéraire, les autres trouvent ses textes superficiels, voire scandaleux.
Pour saisir la spécificité de Maupassant, il convient de le distinguer des deux grands auteurs qui l'ont marqué et entre lesquels il prend sa place dans l'histoire littéraire: Flaubert et Zola.
Maupassant a passé plusieurs années dans l'entourage immédiat de Gustave Flaubert, le maître du roman réaliste, dont il a subi l'influence et suivi les leçons au point de paraître son héritier littéraire.
«Boule de Suif», le texte qui établit la renommée de Maupassant, est en librairie quelques jours avant la mort de Flaubert; cette nouvelle a été publiée dans un recueil d'histoires édité par Emile Zola, le romancier naturaliste dont l'œuvre domine la fin du siècle.
Cette influence conjuguée des deux grands romanciers a certes compté pour Maupassant, mais dans ses conceptions, ses thèmes et surtout dans son style, il faut le distinguer de ses maîtres. Et d'ailleurs, des étiquettes comme «réaliste» ou «naturaliste» ne feraient pas saisir le fait que la spécificité de Maupassant est ailleurs.

Extrait de: MANFRED FLÜGGE, «Guy de Maupassant. Boule de Suif», dans: *Repères*, tome 1, *Prose narrative et philosophique*, Frankfurt a. M. (Hirschgraben) 1989, p. 75.

Propositions de solution

Questions sur le texte

1. Les paysans, d'un caractère méfiant, témoignent d'une indifférence et hostilité croissantes vis-à-vis du gueux. S'ils sont encore prêts à aider le jeune mendiant, ils deviennent de plus en plus impitoyables et avares, pour enfin le rejeter ouvertement. Souffrant eux-mêmes de la misère, ils excluent celui qui ne travaille pas, mais vit à leur dépens. Au lieu d'avoir pitié de l'infirme, ils se moquent de lui. Leur mépris se transforme en haine au moment où leur soupçon d'être volés par lui semble justifié: pour se venger ils l'attaquent brutalement sans réfléchir aux conséquences de leurs actes. Ils deviennent ainsi responsables de sa mort.

2. Cette phrase se réfère à la période durant laquelle le gueux jouissait d'une sécurité relative malgré son infirmité. Il avait trouvé une sorte de refuge chez la baronne d'Avary qui lui donnait à manger et à boire quand il avait très faim, et qui le logeait dans un coin de sa ferme. Parfois elle lui donnait même un peu d'argent.

3. L'action de ce récit se déroule à la campagne, dans de petits villages normands. Maupassant décrit le monde paysan, un milieu rural caractérisé par la pauvreté et la misère où on doit travailler dur pour survivre. Même ce milieu déjà défavorisé produit ses exclus, ses marginaux tels que le gueux.

4. Toussaint est un enfant trouvé qui a été élevé par un curé; il n'a reçu aucune formation scolaire. A l'âge de 15 ans, après un excès d'alcool, il est grièvement blessé dans un accident de voiture dont il sort infirme et forcé de se déplacer à l'aide de béquilles. Incapable de travailler il est condamné à la mendicité.

5. La solitude du gueux, son isolement est d'abord décrit par une longue énumération négative de logis (l. 25). La répétition de négations (l. 25, 28/29, 33/34) souligne en plus l'absence de tout point de repère, son abandon total. Sa vie ressemble plus à celle d'une bête (voir la comparaison l. 28) qu'à celle d'un être humain.
   Pour exprimer l'agressivité des fermiers, Maupassant emploie le discours direct en patois normand (l. 36/37, 41, 54). En opposant «toute l'année» et «tous les jours» (l. 41/42) dans un jeu de mots ironique il reflète la distance qui sépare les paysans du gueux et l'existence difficile de ce dernier. L'hostil-

ité de son entourage se manifeste aussi dans la description de la nature qui n'a rien de consolant («vent froid», «ciel bas et sombre», l. 43/44).
A plusieurs reprises Maupassant met l'accent sur la manière pénible dont se déplace le gueux. Les noms désignant les béquilles («piquets de bois» l. 31, «portants» l. 32, «tuteurs» l. 38, «supports» l. 45, «bâtons» l. 60) deviennent en quelque sorte des mots-clefs de son infirmité.

6. Maupassant décrit les poules qui trouvent partout à manger tandis que le gueux risque de mourir de faim. La nature est donc plus généreuse envers l'animal que la société envers l'homme. En disant que «la terre ... nourrit tous les êtres» (l. 65/66) Maupassant fait preuve d'une ironie amère, voire de cynisme. On peut alors voir dans cette description une critique des injustices sociales de l'époque.

7. «Quelle surprise!» est une expression ironique, voire cynique par laquelle Maupassant condamne l'égoïsme des paysans, la double morale de ceux qui n'ont pas hésité à sacrifier le mendiant et qui prétendent maintenant être innocents. Naturellement, personne ne peut être étonné que cet homme meure après plusieurs journées sans nourriture et après le traitement brutal qu'il a subi.

8. La vision du monde qui s'exprime dans ce récit est profondément pessimiste. Ce pessimisme se nourrit du sentiment de la solitude et de l'exclusion. Les êtres humains que peint Maupassant sont ou bien égoïstes, avares et dominés par l'instinct ou bien vaincus par la souffrance et écrasés par un destin tragique. Maupassant est sensible au malheur des plus déshérités, mais il ne croit pas que l'homme soit capable d'amour et de solidarité.

Commentaire personnel

9. a) D'une part:
   - amélioration des conditions sociales et matérielles au XXe siècle;
   - réalisation des droits de l'homme;
   - avantages de la société industrielle et de consommation;
   - garanties de l'Etat-providence: assurance maladie, allocations familiales, assurance chômage, salaire minimum etc.

D'autre part:
- naissance d'une nouvelle pauvreté: chômeurs, sans domicile fixe, immigrés, demandeurs d'asile – des gens qui échappent à la protection sociale;
- égoïsme croissant;
- manque de solidarité;
- renaissance de préjugés: xénophobie, racisme;
- élargissement du fossé entre riches et pauvres.

b) L'Etat-providence réduit la responsabilité individuelle. La récession économique force l'Etat à économiser sur les prestations sociales. Les technologies nouvelles produisent de plus en plus de chômeurs: le plein emploi n'est plus garanti. Le nombre de logements sociaux est insuffisant, ce qui touche surtout les familles nombreuses. L'écroulement des régimes communistes, les guerres à la périphérie de l'Europe, la misère du Tiers Monde provoquent des flux migratoires vers les pays industrialisés; le nombre des demandeurs d'asile augmente.

c) Pour faciliter l'intégration des minorités sociales et ethniques on pourrait
- éviter la formation de ghettos;
- améliorer l'habitat social (plus d'espace, moins de tours);
- créer des lieux de rencontre pour les jeunes;
- améliorer la formation professionnelle;
- recréer de petits emplois n'exigeant pas de formation poussée.

d) Réponses individuelles

Grammaire

10. On peut grouper les contes de Maupassant d'après les sujets qu'il a traités. Il y a ceux qui racontent les événements de la guerre de 1870/71, et les contes du genre fantastique faisant, en partie, prévoir le triste sort qui était réservé à l'auteur. Mais la plupart des lecteurs regardent les contes paysans, les contes normands comme les meilleurs.
«La ficelle» compte pour un des chefs-d'œuvre du genre. C'est l'histoire d'un paysan normand soupçonné d'avoir subtilisé un porte-feuille. Il n'arrive pas à se laver de ce soupçon, ce qui le chagrine d'autant plus qu'il serait tout à fait capable de faire ce qu'on lui reproche. Il prend cette affaire tellement à cœur qu'il en meurt quelques mois plus tard.

L'exposition de ce conte peut être mise en parallèle avec celle de «Madame Bovary»; elle est admirable. Ce qui l'est aussi, c'est la manière dont Maupassant, en racontant l'aventure personnelle de Maître Hauchecorne, met en relief le caractère typique des Normands, et en arrive aux traits plus généralement humains.

Version

11. Die Werke Maupassants werden viel gelesen, und dennoch ist er ziemlich verkannt. Die einen verachten ihn ein wenig, weil er kein großer Literaturtheoretiker ist, die anderen finden seine Texte oberflächlich, ja sogar skandalös.
Um die Besonderheit Maupassants zu erfassen, ist es angebracht, ihn von den beiden großen Schriftstellern zu unterscheiden, die ihn geprägt haben und zwischen denen er seinen Platz in der Literaturgeschichte einnimmt: Flaubert und Zola.
Maupassant hat mehrere Jahre in der unmittelbaren Umgebung von Gustave Flaubert, dem Meister des realistischen Romans, verbracht, von dem er so stark beeinflußt wurde und dessen Lehren er so sehr befolgte, daß er als sein literarischer Erbe galt (gilt).
"Boule de Suif", der Text, der Maupassants Ruhm begründet, ist einige Tage vor Flauberts Tod im Buchhandel; diese Novelle wurde in einem Erzählband veröffentlicht, der von Emile Zola, dem naturalistischen Romanschriftsteller, dessen Werk die Jahrhundertwende beherrscht, herausgegeben wurde.
Dieser doppelte Einfluß der beiden großen Romanautoren war sicher wichtig für Maupassant, aber in seinen Anschauungen, seinen Themen und vor allem seinem Stil muß man ihn von seinen Lehrmeistern unterscheiden. Und im übrigen würden Etiketten wie "Realist" ("realistisch") oder "Naturalist" ("naturalistisch") die Tatsache unberücksichtigt lassen, daß die Eigenart Maupassants anderswo liegt.

Alain-Fournier: Le Grand Meaulnes

Alain-Fournier, de son vrai nom Henri Fournier (1886–1914), a laissé à la littérature française un des romans les plus célèbres du XXe siècle: «Le Grand Meaulnes» (1913). Mort très jeune – le lieutenant Fournier a été tué à la Première Guerre Mondiale – il n'a laissé que ce chef-d'œuvre où se mêlent les éléments autobiographiques de son enfance passée en Sologne aux rêves d'un jeune homme à la recherche de l'absolu.
L'histoire est racontée par François Seurel, un garçon de quinze ans dont le père est instituteur d'école à Sainte-Agathe. Augustin Meaulnes, un grand garçon indépendant et épris d'aventures vient en pension à l'école et devient l'ami de François. Au cours d'une escapade de trois jours, le grand Meaulnes découvre «le Domaine mystérieux» où il assiste à une fête fantastique organisée par le maître du château, l'enfant-roi Frantz de Galais. Augustin y rencontre la sœur de Frantz, Yvonne de Galais, l'image même de la beauté féminine. De retour à l'école, le grand Meaulnes n'a plus qu'une pensée: revoir cette merveilleuse jeune fille. Mais il est incapable de retrouver le beau château mystérieux. Quelques mois plus tard, Meaulnes annonce à François son départ pour Paris où il cherche la trace d'Yvonne de Galais ayant appris par son frère qu'elle a l'habitude de s'y rendre au printemps.

Les trois lettres de Meaulnes

De toute ma vie je n'ai reçu que trois lettres de Meaulnes. Elles sont encore chez moi dans un tiroir de commode. Je retrouve chaque fois que je les relis la même tristesse que naguère.
La première m'arriva dès le surlendemain de son départ.

«Mon cher François,
«Aujourd'hui, dès mon arrivée à Paris, je suis allé devant la maison indiquée. Je n'ai rien vu. Il n'y avait personne. Il n'y aura jamais personne.
«La maison que disait Frantz est un petit hôtel à un étage. La chambre de Mlle de Galais doit être au premier. Les fenêtres du haut sont les plus cachées par les arbres. Mais en passant sur le trottoir on les voit très bien. Tous les rideaux sont fermés et il faudrait être fou pour espérer qu'un jour, entre un de ces rideaux tirés, le visage d'Yvonne de Galais puisse apparaître.
«C'est sur un boulevard ... Il pleuvait un peu dans les arbres déjà verts. On entendait les cloches claires des tramways qui passaient indéfiniment.

«Pendant près de deux heures, je me suis promené de long en large sous les fenêtres. Il y a un marchand de vins chez qui je me suis arrêté pour boire, de façon à n'être pas pris pour un bandit qui veut faire un mauvais coup. Puis j'ai repris ce guet sans espoir.

«La nuit est venue. Les fenêtres sont allumées un peu partout mais non pas dans cette maison. Il n'y a certainement personne. Et pourtant Pâques approche.

«Au moment où j'allais partir, une jeune fille ou une jeune femme – je ne sais – est venue s'asseoir sur un des bancs mouillés de pluie. Elle est vêtue de noir avec une petite collerette blanche. Lorsque je suis parti, elle était encore là, immobile malgré le froid du soir, à attendre je ne sais quoi, je ne sais qui. Tu vois que Paris est plein de fous comme moi.

«Augustin»

Le temps passa. [...] C'est durant cet insupportable mois de juin que je reçus la deuxième lettre du grand Meaulnes.

«Juin 189 ...

«Mon cher ami,

«Cette fois tout espoir est perdu. Je le sais depuis hier soir. La douleur, que je n'avais presque pas sentie tout de suite, monte depuis ce temps.

«Tous les soirs j'allais m'asseoir sur ce banc, guettant, réfléchissant,espérant malgré tout.

«Hier, après dîner, la nuit était noire et étouffante. Des gens causaient sur le trottoir, sous les arbres. Au-dessus des noirs feuillages, verdis par les lumières, les appartements des seconds, des troisièmes étages étaient éclairés. Ça et là, une fenêtre que l'été avait ouverte toute grande ... On voyait la lampe allumée sur la table, refoulant à peine autour d'elle la chaude obscurité de juin; on voyait presque jusqu'au fond de la pièce ... Ah! si la fenêtre noire d'Yvonne de Galais s'était allumée aussi, j'aurais osé, je crois, monter l'escalier, frapper, entrer ...

«La jeune fille de qui je t'ai parlé était là encore, attendant comme moi. Je pensai qu'elle devait connaître la maison et je l'interrogeai:

« – Je sais, a-t-elle dit, qu'autrefois, dans cette maison, une jeune fille et son frère venaient passer les vacances. Mais j'ai appris que le frère avait fui le château de ses parents sans qu'on puisse jamais le retrouver, et la jeune fille s'est mariée. C'est ce qui vous explique que l'appartement soit fermé.

«Je suis parti. Au bout de dix pas mes pieds butaient sur le trottoir et je manquais tomber. La nuit – c'était la nuit dernière – lorsque enfin les enfants

et les femmes se sont tus, dans les cours, pour me laisser dormir, j'ai commencé d'entendre rouler les fiacres dans la rue. Ils ne passaient que de loin en loin. Mais quand l'un était passé, malgré moi, j'attendais l'autre: le grelot, les pas du cheval qui claquaient sur l'asphalte ... Et cela répétait: c'est la ville déserte, ton amour perdu, la nuit interminable, l'été, la fièvre ...
«Seurel, mon ami, je suis dans une grande détresse.

«Augustin.»

[...] A la rentrée, exactement vers la fin de novembre, [...] je reçus la dernière des trois lettres que j'aie jamais reçues d'Augustin:
«Je passe encore sous cette fenêtre, écrivait-il. J'attends encore, sans le moindre espoir, par folie. A la fin de ces froids dimanches d'automne, au moment où il va faire nuit, je ne puis me décider à rentrer, à fermer les volets de ma chambre, sans être retourné là-bas, dans la rue gelée.
«Je suis comme cette folle de Sainte-Agathe qui sortait à chaque minute sur le pas de la porte et regardait, la main sur les yeux, du côté de La Gare, pour voir si son fils qui était mort ne venait pas.
«Assis sur le banc, grelottant, misérable, je me plais à imaginer que quelqu'un va me prendre doucement par le bras ... Je me retournerais. Ce serait elle. «Je me suis un peu attardée», dirait-elle simplement. Et toute peine et toute démence s'évanouissent. Nous entrons dans notre maison. Ses fourrures sont toutes glacées, sa voilette mouillée; elle apporte avec elle le goût de brume du dehors; et tandis qu'elle s'approche du feu, je vois ses cheveux blonds givrés, son beau profil au dessin si doux penché vers la flamme ...
«Hélas! la vitre reste blanchie par le rideau qui est derrière. Et la jeune fille du domaine perdu l'ouvrirait – elle, que je n'ai maintenant plus rien à lui dire.
«Notre aventure est finie. L'hiver de cette année est mort comme la tombe. Peut-être quand nous mourrons, peut-être la mort seule nous donnera la clef et la suite et la fin de cette aventure manquée.
«Seurel, je te demandais l'autre jour de penser à moi. Maintenant, au contraire, il vaut mieux m'oublier. Il vaudrait mieux tout oublier.

«A. M.»

Extrait de: ALAIN-FOURNIER, *Le Grand Meaulnes*, Paris (Éditions Gallimard, Collection 1000 Soleils) 1972, p. 138–142.

Annotations

3: *naguère:* il y a quelque temps; 18: *faire le guet:* auf der Lauer liegen; 24: *la collerette:* Halskrause; 34: *guetter:* attendre avec impatience; 40: *refouler:* chasser; 50: *buter:* heurter le pied contre qc.; 54: *le grelot:* Schelle, Glöckchen; 57: *la détresse:* sentiment d'abandon, de solitude; 68: *grelotter:* trembler très fort; 71/72: *la fourrure:* Pelz(mantel); 72: *la voilette:* petit voile que les femmes portent à leur chapeau; 73: *la brume:* brouillard léger; 74: *givré, e:* mit Reif bedeckt

Devoirs

Questions sur le texte

Compréhension du texte

1. Décrivez la situation d'Augustin dans les deux premières lettres. Comparez. 20
2. Analysez le double rôle de la jeune fille dans les deux premières lettres. 10
3. Pourquoi Augustin raconte-t-il l'histoire de la folle de Sainte-Agathe (troisième lettre)? 10
4. Que veut dire Augustin par la phrase: «Peut-être quand nous mourrons, peut-être la mort seule nous donnera la clef et la suite et la fin de cette aventure manquée.» (l. 79–80) 10

Commentaire de texte

5. Analysez le rapport entre la nature et les sentiments d'Augustin dans les trois lettres. 20
6. Etudiez le contraste clair-obscur dans la deuxième lettre (l. 36–43). 10
7. Pourquoi Augustin passe-t-il du conditionnel à l'indicatif présent en évoquant Yvonne de Galais (l. 68–74)? 10

Commentaire personnel **40**

8. Exposez, en dix phrases environ, vos idées sur **un** des sujets suivants.
   a) Ecrire une lettre, tenir un journal intime – des moyens démodés de s'exprimer?
   b) L'adolescence – période privilégiée ou phase plutôt difficile?
   c) L'amour malheureux – un des grands thèmes littéraires: Parlez d'une œuvre que vous avez étudiée.

Grammaire **20**

9. Complétez et modifiez le texte suivant selon les indications données; écrivez en entier le texte modifié en changeant l'ordre des mots là où ce sera nécessaire et en respectant l'accord. Il faut:
   /1/ mettre le verbe au temps du passé voulu par le contexte;
   /2/ remplacer l'expression soulignée par un pronom;
   /3/ mettre le superlatif;
   /4/ mettre en relief l'expression soulignée;
   /5/ mettre le mot entre parenthèses à la forme voulue par le contexte;
   /6/ mettre la phrase soulignée au passif;
   /7/ mettre le pronom relatif.

Alain-Fournier est né en 1886 dans le département du Cher où son père
était instituteur. Toute son enfance (se dérouler) /1/ à la campagne, au (2)
contact de cette vie rurale qui est alors la vie /2/ des trois quarts de la (1)
population française.
Il passe (beau) /3/ années de son enfance surtout à Epineuil-le-Fleuriel (1)
/4/. Plus tard, dans ses écrits, il évoque sans cesse son enfance (inscrire) (1)
/5/ (profond) /5/ dans les réalités terriennes. (2)(1)
Après trois années de lycée parisien, Alain-Fournier décide de préparer
l'Ecole Navale. On peut expliquer cette subite orientation /6/ par ses (2)
jeux d'imagination et surtout par les innombrables lectures (favori) /5/ (1)
de son enfance: les lectures /2/ des livres de prix aux belles reliures (1)
rouges qui, chaque début d'été, arrivaient chez ses parents afin de (distribuer) /5/ aux (bon) /3/ élèves avant le départ en vacances. Mais, tout (2)(1)
compte fait, il ne se plaît guère à l'Ecole Navale où tout paraît déplaisant à Alain-Fournier /2/. (1)
Il change encore une fois de direction et fait des études classiques ... /7/ (1)
auront été très importantes dans sa vie pour les perspectives ... /7/ elles (1)
lui (ouvrir) /1/. (2)

D'après: M. BLANCPAIN, Y. BRUNSVICK, P. GINESTIER, «Alain-Fournier», dans: *Les Français à travers leurs romans. Textes, notes et documents*, Paris (CLE International) 1979, p. 8.

Version **50**

10. Traduisez le texte suivant.

L'adolescence

C'est (à mon sens) une phase de mutation. Elle est aussi capitale pour l'adolescent que sont la naissance pour le petit enfant et les quinze premiers jours de la vie. L'adolescent, lui, passe par une mue au sujet de laquelle il ne peut rien dire et il est, pour les adultes, objet de questionnement qui, selon les parents, est chargé d'angoisse ou plein d'indulgence. L'état d'adolescence se prolonge suivant les projections que les jeunes reçoivent des adultes et suivant ce que la société leur impose comme limites d'exploration. Les adultes sont là pour aider un jeune à entrer dans les responsabilités et à ne pas être ce qu'on appelle un adolescent attardé.

Pour bien comprendre ce qu'est le dénuement, la faiblesse de l'adolescent, empruntons l'image des homards et des langoustes qui perdent leur coquille: Ils se cachent sous les rochers à ce moment-là, le temps de sécréter leur nouvelle coquille pour acquérir des défenses. Mais si, pendant qu'ils sont vulnérables, ils reçoivent des coups, ils sont blessés pour toujours, leur carapace recouvrira les cicatrices et ne les effacera pas.

Extrait de: FRANÇOISE DOLTO, *La cause des adolescents*, Paris (Éditions Robert Laffont) 1988, p. 15–17.

Propositions de solution

Questions sur le texte

1. En arrivant à Paris au printemps, Augustin va à la recherche d'Yvonne de Galais qu'il aime. Il fait les cent pas devant l'hôtel où elle est censée habiter en rêvant de voir les lumières s'allumer et la jeune fille apparaître à la fenêtre. Bien qu'il craigne de l'avoir perdue pour toujours, il nourrit encore un vague espoir.
   Quelques mois plus tard, après avoir passé chaque soirée devant cette maison, il doit abandonner toute illusion: une jeune fille lui raconte qu'Yvonne de Galais s'est mariée. A cette nouvelle, Augustin sombre dans le désespoir.

2. La jeune fille qui est assise sur le même banc devant l'hôtel passe aussi la nuit à attendre quelqu'un. Elle partage en quelque sorte le destin d'Augustin. Sa présence semble lui apporter un certain réconfort: il se sent moins seul, moins «fou» (l. 26).
   Mais plus tard, c'est elle qui le confronte à la triste réalité en lui parlant du mariage d'Yvonne de Galais. Ainsi, elle lui fait perdre toutes ses illusions tandis qu'elle, elle continue d'attendre et donc d'espérer.

3. Augustin évoque l'histoire de la folle de Sainte-Agathe parce qu'elle ressemble à la sienne et justifie pour ainsi dire son propre comportement. Comme lui, la folle refuse d'accepter la réalité brutale. Elle a perdu son fils, l'être le plus aimé de sa vie, mais elle agit comme s'il pouvait revenir à chaque instant.

4. Complètement désillusionné, Augustin n'attend plus rien de la vie qui lui a causé tant de malheur. Ses idées sont déjà dirigées vers la mort qui lui fournira peut-être une explication et même une solution à ses problèmes. C'est la seule consolation qu'il puisse s'imaginer.

5. Il y a un rapport étroit entre la description de la nature et les sentiments d'Augustin. Toutes les scènes décrites se déroulent à la tombée de la nuit qui a quelque chose d'angoissant: ou bien elle est froide (l. 25, 62), ou bien «noire et étouffante» (l. 36). Les différentes saisons reflètent également les états d'âme d'Augustin: le printemps à double face (verdure et pluie, l. 13) correspond aux sentiments ambigus du Grand Meaulnes (espoir et crainte). En été, la chaleur accablante renforce encore les souffrances d'Augustin. Dans la troisième lettre, c'est le froid de l'automne et de l'hiver qui va de pair avec le désespoir et le pressentiment de la mort.

6. L'auteur utilise ce contraste pour nous montrer un Augustin tiraillé entre l'espoir et la déception. L'obscurité de la nuit qui entoure le jeune homme et le manque de lumière dans la fenêtre de la fille aimée sont l'expression de son isolement et de son découragement ressentis d'autant plus cruellement que la lumière dans les autres fenêtres et surtout la lueur de la lampe sur la table lui présentent un monde plein de vie et d'espérances dont il est exclu.
7. Dans un rêve éveillé Augustin imagine le retour d'Yvonne de Galais. Au début, quand il parle au conditionnel, il est encore conscient du fait que ce n'est pas un événement réel. Mais peu à peu il se laisse emporter par son imagination et, pour quelques instants (racontés au présent), il vit des moments de bonheur comme si c'était la réalité.

Commentaire personnel

8. a) Vieille tradition qui semble être en recul et menacée par les nouveaux moyens de communication (téléphone, ordinateur etc.), surtout à une époque où règne la vitesse.
   Mais le besoin d'exprimer ses sentiments intimes est d'autant plus impérieux que notre société devient anonyme.
   Ecrire des lettres: communication intense avec un partenaire; possibilité de faire des confidences à quelqu'un; expression de réflexions approfondies.
   Tenir un journal intime: moyen de fixer ce qu'on a vécu (lutter contre l'oubli); aide dans des moments de crise; essai de se comprendre soi-même; possibilité de réfléchir au développement de sa personnalité.

   b) Période privilégiée: on est encore protégé par les parents; on n'est pas encore forcé de gagner sa vie; l'avenir est plein de perspectives; on n'est pas entièrement responsable de ses actes; on jouit donc d'une liberté relativement grande.
   Période difficile: c'est une phase de mutation accompagnée d'angoisses et d'incertitudes; on manque d'expérience et de sûreté; il faut s'orienter et prendre des décisions importantes (formation professionnelle); on risque d'être déçu par ses premières expériences sentimentales; il faut s'émanciper de ses parents; les perspectives d'avenir qu'offre la société ne sont plus très encourageantes; on est exposé à de nombreuses tentations (drogues).

8. c) Réponses individuelles.

Grammaire

9. Alain-Fournier est né en 1886 dans le département du Cher où son père était instituteur. Toute son enfance <u>s'est déroulée</u> à la campagne, au contact de cette vie rurale qui est alors <u>celle</u> des trois quarts de la population française.
   <u>C'est surtout à Epineuil-le-Fleuriel qu</u>'il passe <u>les plus belles</u> années de son enfance. Plus tard, dans ses écrits, il évoque sans cesse son enfance <u>inscrite profondément</u> dans les réalités terriennes.
   Après trois années de lycée parisien, Alain-Fournier décide de préparer l'Ecole Navale. <u>Cette subite orientation peut être expliquée</u> par ses jeux d'imagination et surtout par les innombrables lectures <u>favorites</u> de son enfance: <u>celles</u> des livres de prix aux belles reliures rouges qui, chaque début d'été, arrivaient

chez ses parents afin d'être distribués aux meilleurs élèves avant le départ en vacances. Mais, tout compte fait, il ne se plaît guère à l'Ecole Navale où tout lui paraît déplaisant.
Il change encore une fois de direction et fait des études classiques qui auront été très importantes dans sa vie pour les perspectives qu'elles lui avaient ouvertes.

Version

10. Die Jugendzeit
Sie ist (meiner Meinung nach) eine Zeit der Veränderung. Sie ist für den Jugendlichen genauso entscheidend wie die Geburt und die ersten zwei Wochen des Lebens für das Kleinkind. Der Jugendliche macht eine Wandlung (Mauser) durch, über die er nichts sagen kann, und er ist für die Erwachsenen Anlaß für viele Fragen, die je nach den Eltern mit Angst belastet oder voller Nachsicht sind. Die Jugendzeit verlängert sich entsprechend den Projektionen, die die Jugendlichen von den Erwachsenen erhalten, und den Grenzen, die die Gesellschaft ihrem Aktionsradius (Entdekkungsdrang) setzt. Die Erwachsenen sind dazu da, einem Jugendlichen zu helfen, in die Verantwortung hineinzuwachsen und nicht das zu sein, was man einen Spätentwickler nennt.
Um richtig zu verstehen, worin die Not, die Schwäche des Jugendlichen besteht, laßt uns das Bild der Hummern und Langusten heranziehen, die ihre Schale verlieren: sie verbergen sich in diesem Augenblick unter den Felsen, während sie ihre neue Schale bilden (absondern), um Verteidigungsmöglichkeiten zu entwickeln. Aber wenn sie Schläge erhalten, solange sie verwundbar sind, sind sie für immer verletzt, ihr Panzer wird die Narben bedecken, aber er wird sie nicht beseitigen.

Jean-Paul Sartre: Le mur

«Le mur» est la première nouvelle d'un recueil de récits publié en 1939 et intitulé lui aussi «Le mur». L'action de la nouvelle se déroule en Espagne pendant la guerre civile (1936–1939) qui oppose l'Armée républicaine aux forces fascistes sous les ordres du général Franco.
Les fascistes viennent d'emprisonner un groupe de combattants républicains. La plupart des prisonniers sont déjà fusillés, lorsque Pablo Ibbieta qui attend son exécution est convoqué devant les officiers.

Au bout d'une heure, on vint me chercher et on me conduisit au premier étage, dans une petite pièce qui sentait le cigare et dont la chaleur me parut suffocante. Il y avait là deux officiers qui fumaient assis dans des fauteuils, avec des papiers sur leurs genoux.

– Tu t'appelles Ibbieta?
– Oui.
– Où est Ramon Gris?
– Je ne sais pas.

Celui qui m'interrogeait était petit et gros. Il avait des yeux durs derrière ses lorgnons. Il me dit:
– Approche.

Je m'approchai. Il se leva et me prit par les bras en me regardant d'un air à me faire rentrer sous terre. En même temps, il me pinçait les biceps de toutes ses forces. Ça n'était pas pour me faire mal, c'était le grand jeu: il voulait me dominer. Il jugeait nécessaire aussi de m'envoyer son souffle pourri en pleine figure. Nous restâmes un moment comme ça, moi ça me donnait plutôt envie de rire. Il en faut beaucoup plus pour intimider un homme qui va mourir: ça ne prenait pas. Il me repoussa violemment et se rassit. Il dit:
– C'est ta vie contre la sienne. On te laisse la vie sauve si tu nous dis où il est.

Ces deux types chamarrés avec leurs cravaches et leurs bottes, c'étaient tout de même des hommes qui allaient mourir. Un peu plus tard que moi, mais pas beaucoup plus. Et ils s'occupaient à chercher des noms sur leurs paperasses, ils couraient après d'autres hommes pour les emprisonner ou les supprimer; ils avaient des opinions sur l'avenir de l'Espagne et sur d'autres sujets. Leurs petites activités me paraissaient choquantes et burlesques: je n'arrivais plus à me mettre à leur place, il me semblait qu'ils étaient fous.

Le petit gros me regardait toujours, en fouettant ses bottes de sa cravache. Tous ses gestes étaient calculés pour lui donner l'allure d'une bête vive et féroce.

– Alors? C'est compris?
– Je ne sais pas où est Gris, répondis-je. Je croyais qu'il était à Madrid.

L'autre officier leva sa main pâle avec indolence. Cette indolence aussi était calculée. Je voyais tous leurs petits manèges et j'étais stupéfait qu'il se trouvât des hommes pour s'amuser à ça.

– Vous avez un quart d'heure pour réfléchir, dit-il lentement. Emmenez-le à la lingerie, vous le ramènerez dans un quart d'heure. S'il persiste à refuser, on l'exécutera sur-le-champ.

Ils savaient ce qu'ils faisaient: j'avais passé la nuit dans l'attente; après ça, ils m'avaient encore fait attendre une heure dans la cave, pendant qu'on fusillait Tom et Juan, et maintenant ils m'enfermaient dans la lingerie; ils avaient dû préparer leur coup depuis la veille. Ils se disaient que les nerfs s'usent à la longue et ils espéraient m'avoir comme ça.

Ils se trompaient bien. Dans la lingerie, je m'assis sur un escabeau, parce que je me sentais très faible et je me mis à réfléchir. Mais pas à leur proposition. Naturellement, je savais où était Gris: il se cachait chez ses cousins, à quatre kilomètres de la ville. Je savais aussi que je ne révélerais pas sa cachette, sauf s'ils me torturaient (mais ils n'avaient pas l'air d'y songer). Tout cela était parfaitement réglé, définitif et ne m'intéressait nullement. Seulement j'aurais voulu comprendre les raisons de ma conduite. Je préférais plutôt crever que de livrer Gris. Pourquoi? Je n'aimais plus Ramon Gris. Mon amitié pour lui était morte un peu avant l'aube en même temps que mon amour pour Concha, en même temps que mon désir de vivre. Sans doute je l'estimais toujours; c'était un dur. Mais ça n'était pas pour cette raison que j'acceptais de mourir à sa place; sa vie n'avait pas plus de valeur que la mienne; aucune vie n'avait de valeur. On allait coller un homme contre un mur et lui tirer dessus jusqu'à ce qu'il en crève: que ce fût moi ou Gris ou un autre c'était pareil. Je savais bien qu'il était plus utile que moi à la cause de l'Espagne, mais je me foutais de l'Espagne et de l'anarchie: rien n'avait plus d'importance. Et pourtant j'étais là, je pouvais sauver ma peau en livrant Gris et je me refusais à le faire. Je trouvais ça plutôt comique: c'était de l'obstination. Je pensai: «Faut-il être têtu!» Et une drôle de gaieté m'envahit.

Extrait de: JEAN-PAUL SARTRE, «Le mur», dans: *Le mur*, Paris (Editions Gallimard, collection folio 878) [1939] 1978, p. 33–35.

Annotations

3: *suffocant, e:* qui fait perdre la respiration; 10: *les lorgnons* (m.): lunettes; 13: *pincer:* presser, serrer; 15: *pourri, e:* stinkend, faulig; 18: *ça ne prenait pas:* c'était sans effet; 21: *chamarré, e:* ausstaffiert; *la cravache:* Reitpeitsche; 23/24: *les paperasses* (f.): papiers sans valeur; 28: *fouetter:* peitschen; 33: *l'indolence* (f.): indifférence; 34: *le manège:* truc; 44: *l'escabeau* (m.): siège de bois; 62: *têtu, e:* obstiné

Devoirs

Questions sur le texte

Compréhension du texte

1. Pourquoi Ibbieta n'a-t-il pas été exécuté avec les autres prisonniers? 10
2. Par quels moyens les officiers essaient-ils d'intimider Ibbieta? 20
3. Dans quelle mesure la perspective de la mort influence-t-elle la réaction d'Ibbieta face aux officiers? Comment les voit-il? 20
4. Dans ses réflexions à la fin du texte Ibbieta fait allusion à deux idéaux qui pourraient amener quelqu'un à sacrifier sa vie. Quel rôle ces idéaux jouent-ils dans sa décision? 20

Commentaire de texte

5. «Et une drôle de gaieté m'envahit.» (l. 62) Comment pourrait-on expliquer cette réaction d'Ibbieta? 10
6. Quelles idées est-ce que vous associez avec le titre de la nouvelle: «Le mur»? 10

Commentaire personnel **40**

7. Exposez, en dix phrases environ, vos idées sur **un** des sujets suivants.
   a) «... l'homme n'est rien d'autre que ce qu'il se fait.» Discutez cette thèse de Jean-Paul Sartre.
   b) «J'ai décidé de refuser tout ce qui, de près ou de loin, pour de bonnes ou de mauvaises raisons, fait mourir ou justifie qu'on fasse mourir.» (Tarrou dans: ALBERT CAMUS, *La Peste*) Pesez le pour et le contre de cette attitude de non-violence absolue.
   c) Actuellement, la guerre sévit dans plusieurs pays d'Europe. Où est-ce que vous voyez les causes de tels conflits?
   d) La violence quotidienne semble augmenter. Comment vous expliquez-vous ce phénomène?

Grammaire **20**

8. Complétez et modifiez le texte suivant selon les indications données; écrivez en entier le texte modifié en changeant l'ordre des mots là où ce sera nécessaire et en respectant l'accord. Il faut:
   /1/ mettre le mot à la forme voulue par le contexte;
   /2/ remplacer l'expression soulignée par un pronom;
   /3/ mettre la phrase à la voix passive;
   /4/ mettre l'adjectif indéfini qui exprime la négation;
   /5/ mettre le pronom relatif;
   /6/ poser la question sans «est-ce que».

L'œuvre de Jean-Paul Sartre, (apercevoir) /1/ dans sa totalité, est à la (2)
fois considérable en quantité de pages (imprimer) /1/ et diverse par la (2)
multiplicité de ses manifestations. «Les Mots» font le récit et l'in-
terprétation des années d'apprentissage et de préparation à l'œuvre
imprimée. (Tout) /1/ genres sont essayés dans cette œuvre /2/; fina- (1)(1)
lement on les conservera tous /3/, à l'exception de la poésie dans (3)
quelque genre que ce (être) /1/. Ainsi l'œuvre de Sartre «assume» la (1)
totalité de la littérature, en tant que la littérature /2/ trouve satisfaction (1)
dans la prose.
Sartre a renouvelé ... /4/ genre, et en ce sens il n'a pas été novateur. (2)
Mais il est novateur /2/ quand il révèle les pouvoirs de la prose fran- (1)
çaise classique: nous le verrons avec «Les Mots» ... /5/ donnent un (1)
exemple superbe de la façon ... /5/ la phrase et le discours français (1)
assemblent les idées et les images.
Diversité implique souvent dispersion. Est-ce qu'un seul cocher peut
maîtriser tous les attelages /6/? On doit douter de cela /2/ à priori. Et (1)(1)
pourtant, c'est le tour de force ... /5/ Sartre a (brillant) /1/ réussi. (1)(1)

D'après: EDOUARD MOROT-SIR, *Les Mots de Jean-Paul Sartre* (Lire aujourd'hui), Paris (Hachette) 1975, p. 8/9.

Version 50

9. Traduisez le texte suivant.

(Mobilisé en 1939, Sartre tient son journal pendant toute la guerre. Quinze carnets, dont cinq publiés en 1983. On vient de retrouver le tout premier.)

Comment Sartre est devenu Sartre

Dans une interview de 1975, Sartre déclare que la guerre a divisé sa vie en deux. En 1939, Sartre est un jeune homme intellectuel qui vient de connaître le succès avec «la Nausée» et rêve de sa gloire future en travaillant à la fois à un roman et à un ouvrage philosophique fort ambitieux. Et voilà que sonne l'heure de la mobilisation, qui va l'arracher au monde préservé dans lequel il vivait et le jeter brutalement dans une réalité bien différente: «Jusque-là, je me croyais souverain, dit-il dans la même interview, et il a fallu que je rencontre par la mobilisation la négation de ma propre liberté pour que je prenne conscience du poids du monde et de mes liens avec tous les autres et de tous les autres avec moi.»

Avant la guerre, il y avait un être isolé, individualiste, peu concerné par les affaires du monde, totalement apolitique, dit Annie Cohen-Solal, sa biographe, et à la sortie, un écrivain qui acquiert en quelques mois une célébrité mondiale et se lance à corps perdu dans la politique.

Dans les «Carnets», c'est encore le Sartre d'avant qui se donne à lire, bien sûr, mais au travers de l'examen de conscience auquel il se livre pendant près d'un an, il laisse peu à peu apparaître le visage d'un autre Sartre, celui qu'il deviendra, façonné par sa découverte des hommes, par l'épreuve et par l'Histoire.

Extrait de: DIDIER ERIBON, «Comment Sartre est devenu Sartre», dans: *Le Nouvel Observateur* numéro 1578, 1995, p. 48.

Propositions de solution

Questions sur le texte

1. Les officiers qui interrogent Ibbieta tiennent à savoir où se cache Ramon Gris (le chef de l'armée républicaine), un ancien ami et compagnon de lutte d'Ibbieta. Ils sont convaincus que celui-ci trahira son camarade s'ils l'épargnent et lui rendent la liberté.

2. Les officiers ont bien choisi les méthodes par lesquelles ils croient briser la résistance d'Ibbieta. Ils le font attendre plusieurs fois pour le laisser dans l'incertitude pendant que ses camarades sont fusillés. L'interrogatoire se passe dans une petite pièce où l'on étouffe de chaleur. Pour faire peur au prisonnier les soldats calculent chaque mot et chaque geste. D'une part, ils essaient de l'impressionner en affichant leur supériorité et leur force physique; d'autre part, ils feignent une certaine indifférence comme si tout cela ne les intéressait guère. Et finalement, ils lui font du chantage, le menaçant de l'exécuter immédiatement, s'il ne livre pas son ami.

3. Ibbieta n'attache plus aucune importance à sa vie; par conséquent, tout ce qui se passe autour de lui est dépourvu de sens. Cette attitude fataliste lui permet de rester calme face aux menaces des officiers et d'observer avec lucidité leurs jeux perfides. Comme il les considère comme des êtres qui vont mourir, eux aussi, leurs activités lui semblent absolument ridicules et absurdes, et il se moque de leurs vains efforts.

4. Ibbieta parle de l'amitié et du patriotisme, deux motifs qui pourraient inciter quelqu'un à sacrifier sa vie pour sauver celle d'un autre. Mais pour lui ces idéaux ne sont plus valables. Tout en appréciant toujours Ramon Gris, il n'éprouve plus de sentiment d'amitié pour lui, et la vie de son ancien ami ne lui semble pas plus précieuse que la sienne. En ce qui concerne son idéal politique, «la cause de l'Espagne», Ibbieta n'y attribue pas plus d'importance qu'à l'amitié. Il est devenu tout à fait indifférent à la lutte révolutionnaire.
   S'il est prêt à mourir à la place de Ramon Gris, ce n'est donc ni par amitié, ni par conviction politique, mais plutôt par entêtement.

5. Ayant reconnu l'absurdité de l'existence, Ibbieta ne se sent plus lié par aucune obligation. Il a pris sa décision de mourir en toute liberté; ainsi il est devenu invulnérable. Cette souveraineté d'esprit face à la mort le remplit de joie.

6. La première association qu'évoque le titre «Le mur» est l'image des prisonniers de guerre fusillés devant un mur. Mais le mot «mur» fait aussi penser à une barrière insurmontable qui sépare les hommes. Le titre choisi par Sartre souligne ainsi la haine mortelle opposant les révolutionnaires aux fascistes dans la guerre civile d'Espagne.

Commentaire personnel

7. a) Selon Sartre, l'homme n'est rien d'autre que l'ensemble de ses actes. C'est une thèse philosophique fondée sur l'idée de la liberté absolue. L'homme, «condamné à être libre», a «le choix» et est responsable de ses actes.
Aujourd'hui, cette vision existentialiste est mise en question par nombre de philosophes et de sociologues. L'homme est considéré comme dépendant de plusieurs facteurs: données sociales et économiques, famille et éducation, santé, environnement etc.

   b) Pour:
   - refus catégorique de toute violence;
   - l'idée que l'homme n'a pas le droit de décider de la vie d'un autre;
   - refus de l'idée de pouvoir résoudre un problème politique par les armes;
   - foi en la raison humaine;
   - primauté de la vie sur toutes les autres valeurs.

   Contre:
   - nécessité de se défendre ou de défendre son pays en cas d'agression;
   - protection d'un être ou d'un pays sans défense;
   - défense de valeurs unanimement reconnues.

   c) Causes nationalistes, idéologiques et religieuses; exemples:
L'Irlande: conflit religieux entre catholiques et protestants: inégalités politiques et injustices sociales; rigidité et intolérance des représentants des deux religions.
L'Ex-Yougoslavie: conflit ethnique et religieux: visées expansionnistes (suprématie politique, économique et religieuse); haine héréditaire résultant de ressentiments ethniques.
L'Ex-URSS (la CEI): refus du pouvoir central de reconnaître l'autonomie des différents pays (la Tchétchénie); non-reconnaissance du droit des peuples à disposer d'eux-mêmes (à l'auto-détermination).

d) Causes possibles de l'augmentation de la violence quotidienne:
   - taux de divorces élevé, familles désunies;
   - mise en question de l'autorité parentale;
   - effondrement des valeurs morales et religieuses;
   - présence quotidienne de la violence dans les médias, banalisation de l'agression violente;
   - aggravation de la misère sociale, retour à la loi du plus fort;
   - manque de perspectives d'avenir.

Grammaire

8. L'œuvre de Jean Paul Sartre, aperçue dans sa totalité, est à la fois considérable en quantité de pages imprimées et diverse par la multiplicité de ses manifestations. «Les Mots» font le récit et l'interprétation des années d'apprentissage et de préparation à l'œuvre imprimée. Tous les genres y sont essayés; finalement ils seront tous conservés, à l'exception de la poésie dans quelque genre que ce soit. Ainsi l'œuvre de Sartre «assume» la totalité de la littérature, en tant que celle-ci trouve satisfaction dans la prose.
   Sartre n'a renouvelé aucun genre, et en ce sens il n'a pas été novateur. Mais il l'est quand il révèle les pouvoirs de la prose française classique: nous le verrons avec «Les Mots» qui donnent un exemple superbe de la façon dont la phrase et le discours français assemblent les idées et les images.
   Diversité implique souvent dispersion. Un seul cocher peut-il maîtriser tous les attelages? On doit en douter à priori. Et pourtant, c'est le tour de force que Sartre a brillamment réussi.

Version

9. Wie Sartre Sartre geworden ist
   In einem Interview von 1975 erklärt Sartre, daß der Krieg sein Leben in zwei Hälften geteilt habe. 1939 ist Sartre ein junger Intellektueller, der mit "Der Ekel" gerade zu Erfolg gekommen ist und von seinem zukünftigen Ruhm träumt, während er gleichzeitig an einem Roman und einem sehr ehrgeizigen philosophischen Werk arbeitet. Und gerade da schlägt die Stunde der Mobilmachung, die ihn aus der behüteten Welt, in der er lebte, herausreißen und brutal in eine ganz andere Realität werfen wird. „Bis dahin fühlte ich mich überlegen“, sagt er im selben Interview, „und ich mußte durch die Mobilmachung das Ende meiner eigenen Freiheit erleben, um mir über die Bedeu-

tung der Welt und meiner Beziehung zu allen anderen und die aller anderen zu mir klarzuwerden."

„Vor dem Krieg war da ein isoliertes, individualistisches Wesen, das wenig von den Dingen der Welt betroffen und völlig unpolitisch war", sagt Annie Cohen-Solal, seine Biographin, „und am Ende ein Schriftsteller, der in wenigen Monaten Weltberühmtheit erlangt und sich blindlings in die Politik stürzt."

In den Tagebüchern ist es natürlich noch der Vorkriegs-Sartre, den man zu lesen bekommt, aber durch die Gewissensprüfung, der er sich fast ein Jahr lang ausliefert, läßt er allmählich das Gesicht eines anderen Sartre durchscheinen, des Sartre, der er werden wird, geprägt durch seine Entdeckung der Menschen, die harte Erfahrung und die Geschichte.

Albert Camus: Le premier homme

Le manuscrit du roman «Le premier homme» fut trouvé près de la voiture où Camus est mort le 4 janvier 1960. Ce n'était qu'une ébauche inachevée que ni la famille ni les amis de l'écrivain ne voulaient publier. Il a fallu attendre 34 ans pour que la fille de Camus décide de rédiger une version définitive de l'œuvre. Ce roman autobiographique raconte l'enfance algérienne de Camus, son amour pour sa mère et la pauvreté de la famille.
Dans l'extrait suivant, Camus se rappelle les cours de son ancien instituteur M. Germain (M. Bernard dans le roman) avec qui il reste en contact pendant toute sa vie.

Ensuite c'était la classe. Avec M. Bernard, cette classe était constamment intéressante pour la simple raison qu'il aimait passionnément son métier. Au dehors, le soleil pouvait hurler sur les murs fauves pendant que la chaleur crépitait dans la salle elle-même pourtant plongée dans l'ombre des stores à grosses rayures jaunes et blanches. La pluie pouvait aussi bien tomber comme elle le fait en Algérie, en cataractes interminables, faisant de la rue un puits sombre et humide, la classe était à peine distraite. Seules les mouches par temps d'orage détournaient parfois l'attention des enfants. [...] Mais la méthode de M. Bernard, qui consistait à ne rien céder sur la conduite et à rendre au contraire vivant et amusant son enseignement, triomphait même des mouches. Il savait toujours tirer au bon moment de son armoire aux trésors la collection de minéraux, l'herbier, les papillons et les insectes naturalistes, les cartes ou ... qui réveillaient l'intérêt fléchissant de ses élèves. Il était le seul dans l'école à avoir obtenu une lanterne magique et, deux fois par mois, il faisait des projections sur des sujets d'histoire naturelle ou de géographie. En arithmétique, il avait institué un concours de calcul mental qui forçait l'élève à la rapidité d'esprit. Il lançait à la classe, où tous devaient avoir les bras croisés, les termes d'une division, d'une multiplication ou parfois d'une addition un peu compliquée. Combien font 1 267 + 691? Le premier qui donnait le résultat juste était crédité d'un bon point à valoir sur le classement mensuel. Pour le reste, il utilisait les manuels avec compétence et précision ... Les manuels étaient toujours ceux qui étaient en usage dans la métropole. Et ces enfants qui ne connaissaient que le sirocco, la poussière, les averses prodigieuses et brèves, le sable des plages et la mer en flammes sous le soleil, lisaient avec application, faisant sonner les virgules et les points, des récits pour eux mythiques où des enfants à bonnet et cache-nez de laine, les pieds chaussés de sabots, rentraient chez eux dans le froid glacé en traînant des fagots sur des chemins couverts de neige, jusqu'à ce qu'ils aperçoivent le toit enneigé de la maison où la cheminée qui fumait leur faisait savoir que la soupe aux pois cuisait dans l'âtre. Pour Jacques, ces récits étaient l'exotisme même. Il en rêvait, peuplait ses rédactions de descriptions d'un monde qu'il n'avait jamais vu, et ne cessait de questionner la grand-mère sur une chute de neige qui avait eu lieu pendant une heure vingt ans auparavant sur la région d'Alger. [...]

Seule l'école donnait à Jacques et à Pierre ces joies. Et sans doute ce qu'ils aimaient si passionnément en elle, c'est ce qu'ils ne trouvaient pas chez eux, où la pauvreté et l'ignorance rendaient la vie plus dure, plus morne, comme refermée sur elle-même; la misère est une forteresse sans pont-levis. [...]

Non, l'école ne leur fournissait pas seulement une évasion à la vie de famille. Dans la classe de M. Bernard du moins, elle nourrissait en eux une faim plus essentielle encore à l'enfant qu'à l'homme et qui est la faim de la découverte. Dans les autres classes, on leur apprenait sans doute beaucoup de choses, mais un peu comme on gave les oies. On leur présentait une nourriture toute faite en les priant de vouloir bien l'avaler. Dans la classe de M. Germain, pour la première fois ils sentaient qu'ils existaient et qu'ils étaient l'objet de la plus haute considération: on les jugeait dignes de découvrir le monde. Et même leur maître ne se vouait pas seulement à leur apprendre ce qu'il était payé pour leur enseigner, il les accueillait avec simplicité dans sa vie personnelle, il la vivait avec eux, leur racontant son enfance et l'histoire d'enfants qu'il avait connus, leur exposait ses points de vue, non point ses idées, car il était par exemple anticlérical comme beaucoup de ses confrères et n'avait jamais en classe un seul mot contre la religion, ni contre rien de ce qui pouvait être l'objet d'un choix ou d'une conviction, mais il n'en condamnait qu'avec plus de force ce qui ne souffrait pas de discussion, le vol, la délation, l'indélicatesse, la malpropreté.

Extrait de: ALBERT CAMUS, *Le premier homme*, Paris (Editions Gallimard) 1994, p. 135 – 139.

Annotations

3: *fauve:* fahlrot; 4: *crépiter:* produire une série de bruits secs; 5: *la rayure:* Streifen; 12: *l'herbier* (m.): collection de plantes pressées; 13: *fléchir:* baisser, diminuer; 23: *la métropole: ici* la France; 24: *le sirocco:* vent extrêmement chaud et sec; *l'averse* (f.): pluie subite et violente; 27: *le cache-nez:* Schal, Halstuch; *le sabot:* chaussure paysanne faite d'une seule pièce de bois; 28: *le fagot:* Reisigbündel; 31: *l'âtre* (m., litt.): partie de la cheminée où on fait le feu; 37: *morne:* triste, désespéré; 38: *le pont-levis:* Zugbrücke; 43: *gaver:* faire manger par force; *l'oie* (f.): Gans; 55: *la délation:* dénonciation méprisable

Lettre d'Albert Camus à Monsieur Germain

19 novembre 1957

Cher Monsieur Germain,

J'ai laissé s'éteindre un peu le bruit qui m'a entouré tous ces jours-ci avant de venir vous parler de tout mon cœur. On vient de me faire un bien trop grand honneur, que je n'ai ni recherché ni sollicité. Mais quand j'en ai appris la nouvelle, ma première pensée, après ma mère, a été pour vous. Sans vous, sans cette main affectueuse que vous avez tendue au petit enfant pauvre que j'étais, sans votre enseignement, et votre exemple, rien de tout cela ne serait arrivé. Je ne me fais pas un monde de cette sorte d'honneur. Mais celui-là est du moins une occasion pour vous dire ce que vous avez été, et êtes toujours pour moi, et pour vous assurer que vos efforts, votre travail et le cœur généreux que vous y mettiez sont toujours vivants chez un de vos petits écoliers qui, malgré l'âge, n'a pas cessé d'être votre reconnaissant élève. Je vous embrasse de toutes mes forces.

Albert Camus

ALBERT CAMUS, «Lettre à Monsieur Germain», dans: *Le premier homme*, Paris (Editions Gallimard) 1994, p. 327.

Devoirs

Questions sur le texte

Compréhension du texte

1. Comment M. Bernard arrive-t-il à captiver l'attention des enfants? Caractérisez ses méthodes pédagogiques. (Référez-vous aux lignes 9–21.) 20
2. Comparez le monde réel des enfants au monde décrit dans leurs manuels. Quel effet les récits des manuels ont-ils sur Jacques? (Référez-vous aux lignes 22–34.) 20
3. Expliquez la phrase suivante dans son contexte: «la misère est une forteresse sans pont-levis.» (l. 38) 10
4. Pourquoi M. Bernard est-il plus important pour les élèves que les autres instituteurs? (Référez-vous au dernier paragraphe.) 20

Commentaire de texte

5. Par quels moyens stylistiques Camus arrive-t-il à créer une atmosphère aussi dense? (Référez-vous aux lignes 3–8.) 10
6. Pour caractériser M. Bernard, Camus fait la différence entre «points de vue» et «idées» (l. 50/51). Qu'est-ce qu'il veut exprimer par ce contraste? 10
7. Qu'est-ce que la lettre que Camus a écrite au lendemain du prix Nobel vous dit sur les relations personnelles de Camus avec son ancien instituteur? 10

Commentaire personnel **40**

8. Exposez, en dix phrases environ, vos idées sur **un** des sujets suivants.
   a) La publication du roman «Le premier homme» a provoqué des réactions opposées étant donné que Camus n'a pas pu achever cette œuvre. Pesez le pour et le contre d'une telle publication.
   b) Esquissez vos idées sur une école qui puisse aujourd'hui nourrir «la faim de la découverte» (l. 41/42).
   c) Actuellement, en Algérie, les intégristes islamiques envisagent d'interdire la formation scolaire aux jeunes filles. Quelles seraient les conséquences d'une telle mesure?
   d) Dans «Lettres à un ami allemand» Camus écrit: «L'héroïsme est peu de chose, le bonheur est plus difficile.» Discutez cette thèse.

Grammaire **20**

9. Complétez et modifiez le texte suivant selon les indications données; écrivez en entier le texte modifié en changeant l'ordre des mots là où ce sera nécessaire et en respectant l'accord. Il faut:
   /1/ ajouter le pronom démonstratif ou relatif;
   /2/ mettre le mot à la forme voulue par le contexte;
   /3/ mettre en relief l'expression soulignée;
   /4/ mettre le superlatif /a/ ou le comparatif /b/;
   /5/ remplacer la construction soulignée par une autre construction;
   /6/ mettre la négation;
   /7/ employer le participe ou le gérondif;
   /8/ remplacer l'expression soulignée par le pronom personnel ou adverbial.

Nous avons une fois encore tenté de savoir où en était la culture de
... /1/ qui seront les adultes de demain. «On n'apprend plus rien à (1)
l'école. Le niveau scolaire n'est plus ... /1/ il était». Que ce (être) /2/ en (1)(1)
histoire, en géographie, en français ou en calcul. C'est un bon vieux
refrain ... /1/ on ne se lasse pas. En orthographe /3/ les choses (1)(1)
aujourd'hui vont (mal) /4 a/. La commission du Bilan que Roland (1)
Schwartz a conduite /5/ estimait que le tiers des élèves qui sortaient /5/ (2)(1)
de l'école primaire maîtrisaient et la grammaire et l'orthographe /6/. (2)
Pour les mathématiques, les résultats sont plutôt (bon) /4b/ pour les (2)
gosses d'aujourd'hui que pour leurs aînés parce qu'on consacre
(peu) /4 b/ de temps (actuel) /2/ à l'apprentissage mécanique des (1)(1)
opérations, ... /1/ permet de découvrir d'autres outils. Pour le français, (1)
pas question de se rassurer (se dire) /7/ que ce n'est pas pis qu'avant. (1)
Depuis 5 ans, on voit grimper le nombre des illettrés, des gens ... /1/ (2)
l'école a appris à lire et à écrire mais qui ont tout oublié parce qu'ils ne
se servent pas de ces choses /8/. (1)

D'après: Le Nouvel Observateur

Version **50**

10. Traduisez le texte suivant.

Camus et l'Algérie intégriste: Qu'aurait-il dit de l'actuel drame algérien? Camus aurait-il adopté l'attitude de certains intellectuels français qui, après 1962, ont fait mine d'ignorer jusqu'à l'existence du pays où ils sont nés? Comme ces derniers, il aurait pu estimer qu'il n'avait plus à s'intéresser au sort de gens qui avaient tenu à se séparer de la France. Ou bien aurait-il fait partie de ces pieds-noirs qui ont gardé une sourde rancœur envers les Algériens et se délectent maintenant, sans se l'avouer, des malheurs qu'ils vivent, considérant qu'ils l'ont bien cherché? Il y a eu aussi ceux qui, avec l'indépendance, ont tourné une page de leur vie et abordé la nouvelle avec une sérénité mêlée d'amertume. Moi, je crois que Camus aurait plutôt été de ceux qui, fascinés par cette luminosité qu'il a si bien décrite, ne sont jamais parvenus à l'oublier, de ceux qui suivent avec douleur et dépit les nouvelles de ces assassinats accomplis sous le soleil.

Lorsqu'on parle du rapport de Camus à l'Algérie, on ne peut manquer d'évoquer sa fameuse phrase où il affirmait préférer sa mère à la justice. On oublie à tort une autre de ses déclarations: sommé de donner son avis sur le conflit algérien, il avait répondu que, s'il existait un parti de ceux qui ne sont sûrs de rien, il en serait.

Extrait de: RACHID MIMOUNI, «Camus et l'Algérie intégriste», dans: *Le Nouvel Observateur* numéro 1544 du 9 au 15 juin 1994, p. 8.

Propositions de solution

Questions sur le texte

1. D'une part, M. Bernard est un maître sévère et intransigeant qui demande aux élèves une discipline rigoureuse. D'autre part, il sait les enthousiasmer par un enseignement captivant de sorte que rien ne détourne leur attention. Au moment où l'intérêt des enfants risque de s'endormir, il se sert de toutes sortes d'objets pour éveiller de nouveau leur curiosité. Dans les cours de géographie et de sciences naturelles il utilise parfois une sorte de projecteur à l'aide duquel il illustre ses explications. Par des petits concours en calcul il incite les jeunes à se concentrer et à réagir vite et récompense les meilleurs d'entre eux. Ainsi son enseignement n'est jamais trop abstrait ni trop sec et encourage les élèves à la participation active.

2. En Algérie, les enfants utilisent les manuels conçus pour les élèves vivant en France. Le monde décrit dans ces livres est diamétralement opposé à celui qu'ils connaissent. Ils sont habitués à un climat chaud et sec caractérisé par le soleil, le vent, la mer et de fortes pluies; dans leurs livres ils découvrent le froid glacial de l'hiver, des paysages enneigés et ils rencontrent des enfants enveloppés dans des vêtements épais les protégeant contre la neige.
   Jacques est fasciné par ces récits qui excitent son imagination. Il en profite aussi pour enrichir ses propres devoirs de détails exotiques qu'il ne connaît que grâce à sa lecture.

3. Quand on se trouve dans une forteresse, le «pont-levis» est le seul moyen d'en sortir. Sans celui-ci on serait enfermé comme un prisonnier. Cette métaphore illustre la situation de ces familles qui vivent dans une extrême pauvreté sans aucun espoir d'y échapper.

4. Les autres instituteurs se contentent de bourrer les élèves de connaissances sans s'occuper d'eux en tant qu'individus.
   M. Bernard, par contre, s'intéresse aussi à leur personnalité, les prend au sérieux et les traite avec beaucoup d'estime. Il leur donne ainsi l'impression de compter vraiment et de mériter une instruction solide. Il se met même sur un pied d'égalité avec eux en les laissant participer à ses expériences personnelles et en nouant des liens d'amitié qui, comme montre le cas de Camus (voir sa lettre à M. Germain), peuvent durer toute une vie.

5. L'intensité de la description est l'effet d'un langage hautement métaphorique (personnification, comparaison, adjectifs). Camus personnifie le soleil (par l'emploi du verbe «hurler», l. 3) et souligne ainsi sa force brutale. Pour mettre en relief la violence des pluies, il les compare à des «cataractes» (l. 6), des grandes chutes d'eaux. Les adjectifs utilisés («fauves», l. 3, «jaunes et blanches», l. 5, «sombre et humide», l. 7) font ressortir l'agressivité des couleurs et leurs contrastes.

6. Par «point de vue» M. Bernard entend des valeurs objectives qui sont unanimement acceptées et que personne ne met en cause, telles que l'honnêteté, la sincérité, la sensibilité etc. Les «idées», par contre, sont ses opinions personnelles, donc subjectives, qui sont le résultat d'une décision individuelle et que M. Bernard refuse d'imposer aux enfants, telles que son attitude vis-à-vis de la religion.

7. Au lendemain du prix Nobel, plus de trente ans après l'école primaire, Camus adresse une lettre chaleureuse à son ancien instituteur soulignant ainsi le rôle important que cet homme a joué dans sa vie. Camus est conscient qu'il lui doit en quelque sorte sa carrière d'écrivain. Le ton émotionnel de cette lettre témoigne de l'amitié et de la reconnaissance profondes qu'il a gardées pour lui.

Commentaire personnel

8. a) Contre: C'était un écrivain scrupuleux, soucieux d'un style précis et soigneusement élaboré; les négligences stylistiques pourraient nuire à sa réputation d'écrivain, surtout parce que c'est une œuvre de maturité.
   Pour: Le roman, bien qu'inachevé, est une œuvre importante de Camus où on retrouve ses thèmes majeurs; c'est le seul livre autobiographique où il raconte surtout ses souvenirs d'enfance; ce roman nous rend Camus plus proche et plus fraternel.

   b) partir des intérêts des élèves; offrir un grand choix de matières; employer des méthodes pédagogiques variées; encourager la participation active des élèves; développer également des facultés manuelles; tenir compte de la créativité des élèves; faire contrepoids au monde superficiel des médias en étudiant un sujet à fond, en développant l'esprit critique; favoriser la coopération entre les élèves.

c) Cela signifierait pour les filles:
   - les désavantager par rapport aux garçons;
   - les exclure de la vie active;
   - les emprisonner à la maison;
   - les priver de la possibilité de gagner leur vie;
   - les rendre entièrement dépendantes de l'homme;

   pour la société:
   - renoncer à une grande partie des ressources intellectuelles de la société;
   - négliger les facultés typiquement féminines;
   - réduire au minimum leur influence politique et leur participation au pouvoir;
   - condamner la civilisation à la régression.

d) héros: personnage à qui on attribue des qualités et des exploits extraordinaires; qui se distingue par son très grand courage et sa vertu exceptionnelle;
   bonheur: état de pleine et entière satisfaction.
   L'héroïsme est un acte volontaire basé sur des qualités exceptionnelles et récompensé par la reconnaissance générale (exemples).
   Le bonheur est plus complexe et dépend souvent de facteurs qu'on ne peut pas toujours maîtriser et qui nous échappent; c'est un sentiment très fragile et très intime.

Grammaire

9. Nous avons une fois encore tenté de savoir où en était la culture de ceux qui seront les adultes de demain. «On n'apprend plus rien à l'école. Le niveau scolaire n'est plus ce qu'il était.» Que ce soit en histoire, en géographie, en français ou en calcul. C'est un bon vieux refrain dont on ne se lasse pas. C'est en orthographe que les choses aujourd'hui vont le plus mal. La commission du Bilan conduite par Roland Schwartz estimait que le tiers des élèves sortant de l'école primaire ne maîtrisaient ni la grammaire ni l'orthographe. Pour les mathématiques, les résultats sont plûtot meilleurs pour les gosses d'aujourd'hui que pour leurs aînés parce qu'on consacre moins de temps actuellement à l'apprentissage mécanique des opérations, ce qui permet de découvrir d'autres outils. Pour le français, pas question de se rassurer en se disant que ce n'est pas pis qu'avant. Depuis 5 ans, on voit grimper le nombre des illettrés, des gens à qui (auxquels) l'école a appris à lire et à écrire mais qui ont tout oublié parce qu'ils ne s'en servent pas.

Version

10. Camus und das fundamentalistische Algerien: Was hätte er zum gegenwärtigen algerischen Drama gesagt?
Hätte Camus die Haltung gewisser französischer Intellektueller eingenommen, die nach 1962 so taten, als hätten sie nicht einmal Kenntnis von der Existenz des Landes, in dem sie geboren sind (als ob sie nicht wüßten, daß das Land, in dem sie geboren sind, überhaupt existiert)? Wie jene hätte er meinen können, daß er sich nicht mehr für das Los von Menschen interessieren müßte, die sich unbedingt von Frankreich hatten trennen wollen. Oder aber hätte er zu jenen Pieds-Noirs (Algerien-Franzosen) gehört, die einen dumpfen Groll gegen die Algerier bewahrt haben und sich jetzt, ohne es sich einzugestehen, an dem Unglück ergötzen, das sie durchleben, in der Meinung, daß sie es ja so gewollt hätten? Es gab aber auch jene, die mit der Unabhängigkeit ein Blatt in ihrem Leben gewendet und in einer Mischung aus Heiterkeit (Gelassenheit) und Bitterkeit eine neue Seite aufgeschlagen haben (die mit der Unabhängigkeit einen Lebensabschnitt beendet und ... einen neuen begonnen haben). Ich persönlich glaube, daß Camus eher zu denen gehört hätte, die von jener Helligkeit (jenem Licht), die (das) er so gut beschrieben hat, so fasziniert waren, daß sie sie (es) nie vergessen konnten, zu denen, die mit Schmerz und Unwillen die Nachrichten von jenen unter der Sonne begangenen Mordtaten verfolgen.
Wenn man von Camus' Beziehung zu Algerien spricht, darf man nicht versäumen, an seinen berühmten Satz zu erinnern, in dem er behauptete, daß er seine Mutter der Gerechtigkeit vorziehe. Zu Unrecht vergißt man eine andere seiner Erklärungen: auf die Aufforderung, seine Meinung über den Algerienkonflikt zu äußern, hatte er geantwortet, wenn es eine Partei derer gäbe, die nichts sicher wüßten, würde er dazugehören.

Joseph Joffo: Un sac de billes

Joseph Joffo est né en 1931 à Paris où son père tenait un salon de coiffure. Après la guerre, lui aussi apprend le métier de coiffeur. Il ne découvre son talent d'écrivain qu'en 1971: après un accident de ski qui l'immobilise temporairement il écrit ses souvenirs d'enfance qui paraîtront sous le titre:«Un sac de billes» (1973). Ce livre connaît tout de suite un succès extraordinaire et est traduit en une vingtaine de langues.
C'est le récit de l'odyssée de deux garçons juifs (le narrateur et son frère) dans la France occupée de 1941 à 1944. L'extrait suivant est tiré de la première partie du roman: Les deux petits frères, Joffo et Maurice, se rendent à l'école portant pour la première fois l'étoile jaune des Juifs.

A moins de deux cents mètres, c'est la grille de l'école, la cour des marronniers, noirs en cette saison. D'ailleurs, les marronniers de l'école de la rue Ferdinand-Flocon m'ont paru toujours noirs, peut-être étaient-ils morts depuis longtemps, à force de pousser dans le bitume, serrés dans des grilles de fer, ce n'est pas une vie d'arbre.
– Hé ... Joffo!
C'est Zérati qui m'appelle. C'est mon copain depuis le préparatoire, à trois culottes l'année on en a usé deux bonnes douzaines à nous deux sur ces sacrés bancs.
Il court pour me rattraper, son nez rouge de froid sort du passe-montagne. Il a des moufles et est engoncé dans la pèlerine grise que je lui ai toujours vue.
– Salut.
– Salut.
Il me regarde, fixe ma poitrine et ses yeux s'arrondissent. J'avale ma salive. C'est long le silence quand on est petit.
– Bon Dieu, murmure-t-il, t'as vachement du pot, ça fait chouette.
Maurice rit et moi aussi, un sacré soulagement m'a envahi. Tous les trois nous pénétrons dans la cour. Zérati n'en revient pas.
– Ça alors, dit-il, c'est comme une décoration. Vous avez vraiment du pot.
J'ai envie de lui dire que je n'ai rien fait pour ça mais sa réaction me rassure, au fond c'est vrai, c'est comme une grande médaille, ça ne brille pas mais ça se voit quand même.
Il y a des groupes sous le préau, d'autres courent, louvoient à toute vitesse entre les pylônes qui soutiennent le toit.
– Eh, les mecs, vous avez vu Joffo?

C'était pas la mauvaise intention, au contraire, il voulait m'exhiber un peu, Zérati, me faire briller aux yeux des copains, comme si du jour au lendemain j'avais accompli un acte héroïque et qu'il ait voulu le faire savoir à tout le monde.
Un cercle s'est formé et j'en ai été le centre.
Kraber a souri tout de suite, la lampe éclairait son visage.
– T'es pas le seul, il y en a qu'ont la même en deuxième année.
Dans l'ombre derrière, il y a un remous et deux visages sont apparus, pas souriants ceux-là.
– T'es un youpin, toi?
Difficile de dire non quand c'est écrit sur le revers de sa veste.
– C'est les youpins qui font qu'il y a la guerre.
Tiens, cela me rappelle quelque chose, il n'y a pas si longtemps ...
Zérati n'en revient pas. Il ne doit pas dépasser trente-cinq kilos et au concours de biceps c'est toujours le dernier, il a beau contracter ses muscles au maximum, il n'arrive qu'à fournir un imperceptible renflement. Pourtant il se retourne vers le grand.
– T'es tout con, toi, c'est la faute à Jo si il y a la guerre?
– Parfaitement, faut les virer, les youds.
Murmures.
Mais qu'est-ce qui vient d'arriver? J'étais un gosse, moi, avec des billes, des taloches, des cavalcades, des jouets, des leçons à apprendre, papa était coiffeur, mes frères aussi, maman faisait la cuisine, le dimanche papa nous emmenait à Longchamp voir les canassons et prendre l'air, la semaine en classe et voilà tout, et tout d'un coup on me colle quelques centimètres carrés de tissu et je deviens juif.
Juif. Qu'est-ce que ça veut dire d'abord? C'est quoi, un Juif?
Je sens la colère qui vient doublée de la rage de ne pas comprendre.
Le cercle s'est resserré.
– T'as vu son tarin?
Rue Marcadet il y avait une affiche au-dessus du marchand de chaussures, juste à l'angle, une très grande affiche en couleur. Dessus, on voyait une araignée qui rampait sur le globe terrestre, une grosse mygale velue avec une tête d'homme, une sale gueule avec des yeux fendus, des oreilles en chou-fleur, une bouche lippue et un nez terrible en lame de cimeterre. En bas c'était écrit quelque chose du genre: «Le Juif cherchant à posséder le monde». On passait souvent devant avec Maurice. Ça nous faisait ni chaud ni froid, c'était pas nous ce monstre! On n'était pas des araignées et on

n'avait pas une tête pareille, Dieu merci; j'étais blondinet, moi, avec les yeux bleus et un pif comme tout le monde. Alors c'était simple: le Juif c'était pas moi.
Et voilà que tout d'un coup, cet abruti me disait que j'avais un tarin comme sur l'affiche! Tout ça parce que j'avais une étoile.
– Qu'est-ce qu'il a mon tarin? C'est pas le même qu'hier?
Il n'a rien trouvé à répondre le grand dadais, je voyais qu'il cherchait la réplique lorsque ça a sonné. [...]

On est entrés deux par deux devant le père Boulier et j'ai gagné ma place à côté de Zérati.
La première heure c'était la géo. Ça faisait longtemps qu'il m'avait plus interrogé et j'avais un peu la trouille, j'étais sûr d'y passer. Il a promené son regard sur nous comme tous les matins mais il ne s'est pas arrêté sur moi, ses yeux ont glissé et c'est Raffard finalement qui est allé au tableau pour se ramasser sa bulle. Cela m'a donné une mauvaise impression: peut-être que je ne comptais déjà plus, peut-être que maintenant je n'étais plus un élève comme les autres. Il y a encore quelques heures cela m'aurait ravi mais à présent, cela m'ennuyait, qu'est-ce qu'ils avaient donc tous après moi? Ou ils cherchaient à me casser la gueule ou ils me laissaient tomber.
– Prenez vos cahiers. La date dans la marge, en titre: Le sillon rhodanien.
Comme les autres j'ai obéi, mais ça me turlupinait qu'il ne m'ait pas interrogé. Il fallait en avoir le cœur net, il fallait que je sache si j'existais encore ou bien si je comptais pour du beurre.
Le père Boulier il avait une manie: c'était le silence. Il voulait toujours entendre les mouches voler, quand il entendait un bavardage, un porte-plume qui tombait ou n'importe quoi d'autre, il n'y allait pas par quatre chemins, son index désignait le coupable et la sentence tombait en couperet: «Au piquet à la récréation, trente lignes – Conjuguer le verbe «faire moins de bruit à l'avenir» au passé composé, plus-que-parfait et futur antérieur.»
J'ai posé mon ardoise sur le coin du bureau. C'était une vraie ardoise et c'était rare à l'époque, la plupart d'entre nous avaient des sortes de rectangles de carton noir qu'il ne fallait pas trop mouiller et sur lequel on écrivait mal. Moi c'était une vraie avec un cadre de bois et un trou qui laissait passer la ficelle retenant l'éponge.
Du bout du doigt, je l'ai poussée. Elle s'est balancée un court moment et est tombée.
Braoum.
Il écrivait au tableau et s'est retourné.

Il a regardé l'ardoise par terre puis moi.

Tous les autres nous fixaient.

C'est rare qu'un élève cherche à être puni. Ce n'est peut-être jamais arrivé, eh bien, moi, ce matin-là, j'aurais donné cher pour que l'instituteur tende vers moi son index et me dise: «En retenue à quatre heures et demie.» Ça aurait été la preuve que rien n'était changé, que j'étais toujours le même, un écolier comme les autres que l'on peut féliciter, punir, interroger.

M. Boulier m'a regardé et puis son regard est devenu vide, complètement vide comme si toutes ses pensées s'étaient envolées d'un coup. Lentement il a pris la grande règle sur son bureau et il en a placé l'extrémité sur la carte de France suspendue au mur. Il a montré une ligne qui descendait de Lyon jusqu'en Avignon et il a dit:

– Le sillon rhodanien sépare les massifs anciens du Massif Central des montagnes plus jeunes ...

La leçon était commencée et j'ai compris que pour moi, l'école était finie.

Extrait de: JOSEPH JOFFO, *Un sac de billes*, Paris (Lattès) 1973, p. 32 – 38.

Annotations

4: *le bitume:* asphalte; 7: *le (cours) préparatoire:* première année de l'enseignement primaire; 8: *user:* abîmer, détruire; 10: *le passe-montagne:* coiffure en laine qui couvre la tête et le cou; 11: *les moufles* (f.): gants sans séparation pour les doigts; *engoncer:* einmummeln; 14: *avaler sa salive:* se retenir de parler; 16: *t'as vachement du pot* (fam.): tu as vraiment de la chance; 18: *ne pas en revenir:* être très étonné; 23: *le préau:* partie couverte d'une cour d'école; *louvoyer:* aller en zigzag; 24: *le pylône:* Mast, Pfeiler; 26: *exhiber:* montrer, faire voir au public; 33: *le remous:* agitation, mouvement d'une foule; 35: *le youpin:* Juif (terme raciste); 41: *un imperceptible renflement:* eine unmerkliche Schwellung; 44: *virer:* renvoyer, expulser; *le youd:* Juif (terme raciste); 47: *la taloche* (fam.): gifle; *la cavalcade* (fam.): course désordonnée, bruyante; 49: *le canasson* (fam.): cheval; 53: *doublé, e de:* accompagné de; 54: *se resserrer:* se rapprocher de plus en plus; 55: *le tarin* (fam.): le nez; 58: *l'araignée* (f.): Spinne; *ramper:* kriechen; *la mygale:* Vogelspinne; *velu, e:* behaart; 59: *la gueule* (fam.): le visage; *les yeux fendus:* Schlitzaugen; 59/60: *des oreilles en chou-fleur:* große abstehende Ohren; 60: *lippu, e:* qui a une grosse lèvre inférieure; *en lame de cimeterre:* wie eine Säbelklinge (d. h. stark gebogen); 65: *le pif* (fam.): nez; 67: *un(e) abruti, e:* personne stupide; 70: *le dadais:* jeune homme gauche et sot; 75: *la trouille:* peur; 77/78: *se ramasser sa bulle:* sein Fett abbekommen; 82: *casser la gueule à qn.:* se battre avec qn.; 83: *le sillon rhodanien:* Rhonegraben; 84: *turlupiner* (fam.): tourmenter, inquiéter; 85: *en avoir le cœur net:* en être rassuré; 86: *compter pour du beurre* (fam.): ne pas compter; 88: *le porte-plume:* Federhalter; 89: *ne pas aller par quatre chemins:* agir franchement; 90: *l'index* (m.): Zeigefinger; *la sentence:* le jugement; *le couperet:* Fallbeil; 90/91: *mettre au piquet:* punir un élève en le faisant rester debout; 93: *une ardoise:* Schiefertafel; 106: *être en retenue:* nachsitzen; 110: *s'envoler:* disparaître, partir; 112: *suspendu, e:* accroché

Devoirs

Questions sur le texte

Compréhension du texte

1. Quelles sont les réactions des copains de Joffo quand ils le voient pour la première fois avec l'étoile jaune (l. 14–45)? 20
2. Expliquez l'importance que l'affiche prend tout à coup pour Joffo. Quels sentiments contradictoires l'envahissent? 20
3. Par quelle inquiétude Joffo est-il pris pendant la première heure de cours? Que fait-il pour dissiper ses doutes? 20

Commentaire de texte

4. Analysez l'atmosphère créée par l'auteur au début de la scène (l. 1–5). Quelle en est la fonction? 10
5. Interprétez la phrase suivante dans son contexte: «C'est long le silence quand on est petit.» (l. 15) 10
6. Comment vous expliquez-vous le comportement de M. Boulier? 10
7. Comment pourrait-on comprendre la dernière phrase de Joffo: «... et j'ai compris que pour moi, l'école était finie.»? (l. 116) 10

Commentaire personnel **40**

8. Exposez, en dix phrases environ, vos idées sur **un** des sujets suivants.
   a) Qu'est-ce que vous attendez d'un(e) bon(ne) ami(e) quand vous êtes dans une situation difficile?
   b) Le silence – une punition particulièrement cruelle pour un enfant? Discutez cette thèse.
   c) Sous une dictature, l'école n'est jamais un lieu neutre. De quelle manière peut-elle ou bien stabiliser ou bien mettre en cause un régime totalitaire?
   d) Dans une guerre, les enfants sont toujours les premières victimes. Dites pourquoi.

Grammaire **20**

9. Complétez et modifiez le texte suivant selon les indications données; écrivez en entier le texte modifié en changeant l'ordre des mots là où ce sera nécessaire et en respectant l'accord. Il faut:
   /1/ mettre le mot à la forme voulue par le contexte;
   /2/ remplacer l'expression soulignée par un pronom;
   /3/ mettre la phrase à la voix passive;
   /4/ mettre le comparatif ou le superlatif;
   /5/ mettre le pronom relatif;
   /6/ remplacer l'expression soulignée par une autre construction.

L'histoire de la collaboration commence à (mieux connaître) /1/, mais (2)
elle a été longtemps (mauvais) /1/ aimée. (1)
Les premières études – ainsi <u>l'étude</u> /2/ de Robert Aron – affirmaient (1)
que l'Etat français avait subi la collaboration (imposer) /1/ par (2)
l'occupant et qu'il avait limité les effets <u>de la collaboration</u> /2/. Mais il (1)
est désormais établi que les Français ont (délibéré) /1/ recherché la (1)
collaboration /3/. Les Allemands, et d'abord Hitler, y ont <u>seulement</u> /6/ (3)(2)
vu un moyen de (bien) /4/ assurer leur domination, ils n'ont jamais cru (1)
<u>à la collaboration</u> /2/. (1)
La collaboration (préparer) /1/ par certains courants de pensée de (2)
l'entre-deux-guerres comme le pacifisme et le fascisme. Mais la collaboration d'Etat, ... /5/ Pétain a souhaitée, a été un choix grave <u>qui a</u> (1)
<u>permis</u> /6/ à l'occupant de s'assurer aux moindres frais la maîtrise du (1)
pays.
Au même moment la collaboration parisienne allait plus loin encore
(adhérer) /1/ avec passion à l'idéologie nazie. (1)

D'après: *L'histoire de la collaboration* (Que sais-je?), Paris (Presses Universitaires de France).

Version **50**

10. Traduisez le texte suivant.

La montée de l'antisémitisme

Le racisme est à la base de l'idéologie nazie et Hitler a, dès 1919, fondé son action politique sur l'antisémitisme. Les juifs ont été chassés d'Allemagne à partir de 1933. Ils ont été massacrés comme lors de la «nuit de cristal», ou au moment de la guerre en 1939.

En France la question juive se pose en termes différents. Le nombre des juifs a presque triplé entre les deux guerres. Il y a environ 300 000 juifs. La moitié sont parfaitement intégrés à la vie française, même s'ils suscitent parfois des réactions hostiles. Les autres, juifs étrangers, immigrés récents, plus pauvres, plus religieux, sont souvent traités en indésirables.

L'antisémitisme est en France traditionnel dans certains milieux. Hérité du ressentiment catholique, des rancœurs populaires, du nationalisme agressif, il s'est fortifié, sous l'effet de la crise.

L'arrivée massive des juifs d'Europe centrale a suscité des réactions de rejet. Dès 1938 des mesures ont été prises contre les étrangers indésirables, allant jusqu'à l'internement dans des camps. La rancune contre Léon Blum et le Front populaire, puis l'idée que les «judéo-bolcheviks» ont joué un rôle dans la défaite expliquent que les juifs aient été les boucs émissaires de la Révolution nationale.

Extrait de: JEAN DEFRASNE, *L'occupation allemande en France* (Que sais-je? 2196), Paris (Presses Universitaires de France) 1985, p. 87 – 88.

Propositions de solution

Questions sur le texte

1. Zérati, le meilleur ami de Joffo, est le premier à apercevoir l'étoile jaune. Ses grands yeux trahissent sa surprise et, au premier instant, il ne sait pas que dire. Mais, se reprenant aussitôt, il «félicite» son copain comme si c'était un honneur d'être décoré ainsi. Pour lui faire plaisir, il le présente à ses copains comme un héros. Mais leurs réactions sont réservées, même ouvertement hostiles. Tandis que Kraber, peu impressionné par l'étoile, lui adresse encore un sourire, les autres le traitent de «youpin», se moquent de son nez et prononcent les pires préjugés contre les juifs: à leurs yeux, ceux-ci sont responsables de la guerre et doivent être expulsés.

2. Quand l'un des garçons attaque Joffo à cause de son nez, il se souvient de l'affiche raciste qui représente une araignée monstrueuse symbolisant le juif en train de s'emparer du monde. Jusqu'ici il n'avait établi aucun rapport entre lui-même et le monstre de l'affiche. Il se sentait si différent, avec ses yeux bleus et ses cheveux blonds, que l'idée ne lui était jamais venue de s'identifier avec cette créature abjecte. Mais l'étoile jaune qu'il est forcé de porter et l'allusion que son camarade de classe fait à son «tarin» le font soudainement réfléchir à son identité. Avec anxiété il se demande qui il est.

3. La peur de Joffo d'être interrogé fait place à une inquiétude d'un tout autre genre. Les agressions de ses camarades ayant ébranlé son assurance, il est hautement sensibilisé aux réactions de son entourage. Il a peur de ne pas être traité comme avant et voit dans les gestes de son maître un signe d'indifférence et de refus. Pour savoir si ses craintes sont justifiées, il a recours à une provocation. Sachant que M. Boulier déteste le bruit, Joffo laisse tomber son ardoise par terre et attend sa punition. Le silence de M. Boulier est pour lui une preuve irréfutable qu'il n'est plus accepté comme un élève normal.

4. La description de la cour de l'école crée une atmosphère sombre et pesante. Emprisonnés dans le goudron et les grilles de fer, les arbres n'ont rien de vivant. Le manque d'air et d'espace les empêche de pousser et de s'épanouir. En lisant ces lignes, le lecteur peut avoir un pressentiment de ce qui arrivera à Joffo. La liberté et la vie de l'enfant sont menacées comme les arbres.

5. Pour Joffo, qui porte l'étoile jaune pour la première fois sans comprendre la portée de cette nouvelle situation, il est extrêmement important de connaître la réaction de son meilleur ami. Avec impatience il attend un signe rassurant qui pourrait le soulager. On comprend donc pourquoi cet instant de silence lui semble éternel.

6. Le texte ne donne que très peu d'indications qui pourraient expliquer le comportement de M. Boulier. Comme c'est un homme sévère qui aime la discipline il a peut-être tendance à respecter les ordres venant d'en haut. En plus, il manque certainement de courage et a peur de cette nouvelle situation qui le confronte à un problème jusqu'ici inconnu. Son indifférence totale vis-à-vis de Joffo pourrait aussi être interprétée comme l'expression de son attitude antisémite.

7. Cette phrase révèle l'extrême lucidité de Joffo. Après avoir subi les humiliations de ses camarades et de son maître il ne se fait plus d'illusions sur sa situation: l'école ne sera plus un lieu de sécurité pour lui, désormais il en sera exclu.

Commentaire personnel

8. a) Un(e) bon(ne) ami(e) devrait
   - savoir écouter;
   - être sensible à tous les problèmes;
   - pouvoir supporter une nouvelle choquante;
   - être disponible et prêt à offrir son aide;
   - savoir garder un secret;
   - redonner du courage.

   b) Aujourd'hui où les actes de violence contre les enfants augmentent, le silence n'est certainement pas la pire des mesures; mais il reste toujours une punition grave, car:
   - L'enfant n'a pas la possibilité de se défendre.
   - Il se sent refusé.
   - Il reste dans l'incertitude et perd confiance.
   - Il reste seul avec sa mauvaise conscience et ses remords.
   - Le sentiment de culpabilité peut provoquer des troubles psychiques.

c) L'école peut stabiliser un régime totalitaire:
   - A cet âge, les jeunes sont faciles à influencer.
   - On peut les endoctriner et manipuler.
   - On peut profiter de leur sensibilité pour leur faire adopter de faux idéaux.
   - On empêche le développement d'un esprit critique.

   Mais l'école peut aussi mettre en cause un régime totalitaire.
   Pour qu'elle puisse faire contrepoids, il faut que
   - l'école ait gardé une certaine autonomie à l'intérieur du régime;
   - les enseignants soient indépendants et courageux.

   A ce moment-là, l'école peut
   - encourager la pensée autonome;
   - enseigner la tolérance et le respect des autres;
   - développer le sentiment de solidarité et l'esprit de responsabilité;
   - mettre l'accent sur les valeurs morales généralement reconnues;
   - soutenir les jeunes dans une attitude de résistance.

d) Dans une guerre, les enfants sont toujours les premières victimes parce que:
   - Les enfants sont les membres les plus faibles de la société.
   - Ils ignorent les causes et les objectifs des affrontements militaires.
   - On les prive des joies d'une enfance heureuse.
   - Ils risquent d'être blessés et handicapés pour toute leur vie.
   - Ils risquent de perdre leur famille et de devoir vivre seuls.
   - Ils connaissent la faim et la pauvreté.
   - Ils sont traumatisés par l'expérience de la cruauté.
   - Par manque de valeurs morales ils risquent de devenir brutaux et criminels.

Grammaire

9. L'histoire de la collaboration commence à être mieux connue, mais elle a été longtemps mal aimée.
   Les premières études – ainsi celle de Robert Aron – affirmaient que l'Etat français avait subi la collaboration imposée par l'occupant et qu'il en avait limité les effets. Mais il est désormais établi que la collaboration a délibérément été recherchée par les Français. Les Allemands, et d'abord Hitler, n'y ont vu qu'un moyen de mieux assurer leur domination, ils n'y ont jamais cru.
   La collaboration a été préparée par certains courants de pensée de l'entre-deux-guerres comme le pacifisme et le fascisme. Mais la collaboration d'Etat,

que Pétain a souhaitée, a été un choix grave permettant à l'occupant de s'assurer aux moindres frais la maîtrise du pays. Au même moment la collaboration parisienne allait plus loin encore adhérant avec passion à l'idéologie nazie.

Version

10. Das Anwachsen des Antisemitismus

Der Rassismus ist die Grundlage der Nazi-Ideologie, und Hitler gründete von 1919 an sein politisches Handeln auf den Antisemitismus. Seit 1933 wurden die Juden aus Deutschland vertrieben. Sie wurden massenweise umgebracht wie in der "Reichskristallnacht" oder zu Kriegsbeginn 1939.
In Frankreich stellt sich die Judenfrage unter anderen Gesichtspunkten. Zwischen den beiden Kriegen verdreifacht sich beinahe die Zahl der Juden. Es gibt ungefähr 300 000 Juden. Die Hälfte von ihnen sind vollkommen in das französische Leben integriert, auch wenn sie manchmal feindliche Reaktionen hervorrufen. Die anderen, ausländische Juden, Neueinwanderer, ärmere und gläubigere Juden, werden häufig als unerwünscht behandelt.
Der Antisemitismus hat in Frankreich in gewissen Kreisen Tradition. Als Erbe des katholischen Vorurteils, der im Volk verbreiteten Ablehnung und des aggressiven Nationalismus verstärkte er sich unter dem Einfluß der Krise.
Der massenweise Andrang der Juden aus Zentraleuropa hat Abwehrreaktionen ausgelöst. Von 1938 an wurden Maßnahmen gegen die unerwünschten Ausländer getroffen, die bis zur Internierung in Lagern reichten. Der Groll gegen Léon Blum und die Volksfront, dann der Gedanke, daß die "jüdischen Bolschewiken" eine Rolle in der Niederlage spielten, erklären die Tatsache, daß die Juden die Sündenböcke der nationalen Revolution darstellten.

Pascal Lainé: La Dentellière

Pascal Lainé (né en 1942; agrégé de philosophie et professeur à Paris) est surtout connu pour «La Dentellière» (1974, prix Goncourt), œuvre d'une grande qualité littéraire. Ce roman a été porté à l'écran par Claude Goretta en 1977 avec Isabelle Huppert dans le rôle principal. Il a pour sujet les difficultés de la communication entre deux êtres séparés par leurs origines sociales.
Pomme est coiffeuse (pas dentellière comme le titre indique), une jeune fille modeste et innocente qui rencontre un étudiant ambitieux, Aimery de Béligné. Celui-ci, après avoir vécu avec Pomme quelque temps, se lasse d'elle et décide de l'abandonner.

Ç'allaient être les vacances de Noël. Il s'en irait en Normandie. Il fallait que tout fût réglé avant son départ.

Plusieurs fois il convoqua Pomme devant lui, mentalement. Il lui parlait tantôt avec douceur, tantôt avec fermeté, comme à un petit enfant qu'on envoie se coucher avant l'heure, se disait-il avec attendrissement. Mais comment faire autrement? C'était leur intérêt, à l'un comme à l'autre, lui expliquait-il. Ils avaient fait fausse route. Elle ne pouvait pas être heureuse avec lui. Somme toute ils n'étaient pas du même monde. Ce qui convenait à l'un n'était pas de nature à satisfaire l'autre, et vice versa. Ils n'avaient pas les mêmes plaisirs. Ils étaient nés trop loin l'un de l'autre. D'ailleurs il ne savait même pas ce qu'elle attendait de lui. Il n'était pas arrivé à le savoir. Il s'excusait. Il regrettait. Il n'aurait pas dû, lui, l'emmener jusque-là. C'était lui le responsable. Il voulait bien qu'elle le détestât, qu'elle lui dît même qu'il s'était moqué d'elle. Ce n'était pas vrai, mais il comprenait qu'elle dût le penser. Elle avait même le droit de le mépriser.

En réalité leur rupture fut quelque chose de bien plus simple. Il lui dit son intention de la quitter, sans brutalité mais sans qu'il jugeât nécessaire non plus de ménager la sensibilité de la jeune fille, parce qu'il la soupçonnait d'être insensible. Surtout depuis qu'il s'était efforcé d'imaginer quelle serait sa réaction à l'annonce de leur séparation: finalement il n'imaginait aucune espèce de réaction. La jeune fille se détacherait de lui sans faire d'histoire.

Elle ne fit pas d'histoire. Elle ne sut dire que «Ah! bon!», puis: «Je le savais bien.» Elle referma la boîte de Curémail, rinça son éponge et s'essuya les mains. Elle ne protesta pas. Elle ne pleura pas. Si bien qu'Aimery, au lieu de se trouver rasséréné à bon compte, comme il l'avait espéré, vit seulement croître ce qu'il éprouvait déjà de ressentiment à l'égard de cette fille, qu'il considéra comme une sorte de brute.

Mais il ne pouvait pas simplement ignorer le mal qu'il faisait à Pomme. Elle n'avait rien demandé de lui, peut-être, sauf d'accepter l'offrande qu'elle lui faisait de sa personne: il s'avisait maintenant qu'elle lui avait extorqué quelque chose d'énorme. Et lui, il n'avait pas eu le courage de retenir la jeune fille au bord du don de soi; il l'avait laissée faire. Il avait laissé brûler devant lui ce petit cierge à sa dévotion, sans plus s'en soucier que d'une ampoule qu'il aurait oublié d'éteindre avant de s'endormir.

C'était comme le jour de leur rencontre, de leur première conversation, de leur première promenade ensemble; c'était comme le jour où pour la première fois elle avait fait l'amour. A chacune de ces étapes (mais il ne savait pas alors que c'étaient des «étapes») il se rendait compte, simplement, qu'il était «trop tard» pour faire autrement. Alors il passait l'étape, avec une espèce de remords, mais vite oublié. A chaque fois, cependant, il mesurait que le mal qu'il faudrait faire à la jeune fille, ensuite, serait encore plus grand.

Mais il savait aussi qu'elle ne se défendrait pas, qu'elle ne s'insurgerait pas, qu'elle ne paraîtrait pas même souffrir. Et la pitié que le jeune homme commençait d'éprouver s'effaçait aussitôt sous une bouffée de colère et de mépris.

Si Pomme s'était défendue, si elle avait eu la moindre parole d'amertume, le moindre sanglot, même retenu, Aimery lui aurait peut-être accordé une autre fin. Il l'aurait estimée davantage (elle aurait été moins différente de lui). Il aurait pu faire de leur séparation quelque chose d'important, et Pomme aurait eu du moins le viatique d'une grande douleur. Plusieurs fois, tandis qu'elle mettait ses affaires dans sa valise, il espéra qu'elle allait se plaindre, lui faire quelque reproche. Mais rien ne se passa. Elle lui demanda seulement s'il voulait bien lui donner un de ses cartons de livres, qu'elle vida de son contenu pour ranger les affaires qui n'entraient pas dans sa valise. Elle ficela le carton et s'en alla. [...]

Elle est rentrée chez sa mère, du côté de Suresnes ou d'Asnières. C'était un immeuble de brique rouge, entre deux immeubles de brique jaune. Ni l'une ni l'autre n'ont reparlé du jeune homme sur leur canapé de skaï noir. Simplement Pomme est rentrée. Elle a remis ses affaires dans sa chambre. Le soir, elle a regardé la télévision.

Maintenant elle savait bien, Pomme, qu'elle était laide. Elle était laide et grosse. Et méprisable car tout cela n'était que l'extérieur de son indignité profonde, qu'elle avait bien comprise, Pomme, quand Aimery l'avait renvoyée de chez lui.

Le plus dur, c'était de sortir, d'être au milieu des autres gens, dans la rue, dans le train, au salon de coiffure. Elle voyait bien comment ils la regardaient, les gens. Elle les entendait parfaitement quand ils s'esclaffaient derrière elle. Elle ne leur donnait pas tort. Elle avait seulement honte.

D'ailleurs Marylène le lui avait dit, autrefois: «Là, là, là, tu as de la cellulite.» Elle lui avait pincé presque durement la poitrine, la taille, les hanches.

Maintenant ça lui revenait, à Pomme, la réflexion de Marylène. Comme si Marylène avait été juste à côté d'elle, derrière elle, à le lui répéter qu'elle était grosse.

Elle se rappelait aussi les hésitations quelquefois, les réticences d'Aimery à la toucher. Elle avait dû le dégoûter à la fin. Rien que d'y penser elle en avait des bouffées de honte, elle en avait chaud. Elle transpirait. Surtout sous les bras. Elle devenait encore plus répugnante.

La mère et la fille passaient les dimanches ensemble dans un lourd tête-à-tête. La mère emmenait sa fille prendre l'air, l'après-midi, pour se changer les idées, pour qu'elle ne s'étiole pas. La fille entraînait sa mère dans un parcours qu'elle avait établi, toujours le même, par les rues les plus désertes de leur banlieue. Il commençait à faire froid. Pomme se recroquevillait dans son manteau. Elle avait hâte de remonter dans sa chambre. Dans sa chambre personne ne risquait plus de la voir. Elle entendrait vaguement le film de la télévision, derrière la cloison. Elle tâcherait de s'endormir jusqu'au soir.

Pomme sentait que sa mère lui en voulait. Elle ne lui aurait pas fait de reproches, sa mère, mais elle devait avoir honte, elle aussi. Il y avait eu Marylène, d'abord. Et puis Marylène s'était détournée de Pomme. Ensuite il y avait eu le jeune homme; et le jeune homme aussi s'était détourné de Pomme.

Extrait de: PASCAL LAINE, *La Dentellière*, Paris (Editions Gallimard) 1974, p. 142 – 150.

Annotations

Titel: *la dentellière:* Spitzenklöpplerin; 3: *convoquer:* prier de venir; *mentalement:* par la pensée; 5: *l'attendrissement* (m.): mouvement de tendresse; 16: *la rupture:* la séparation; 18: *ménager:* traiter avec délicatesse; *soupçonner:* suspecter; 21: *se détacher:* se séparer; 23: *Curémail:* Name eines Emaillepflegemittels; *rincer:* nettoyer à l'eau; 25: *rasséréner:* ramener au calme; *à bon compte:* avec le minimum de dommage; 26: *croître:* grandir; 27: *la brute:* personne brutale, sans esprit; 29: *l'offrande* (f.): don, présent; 30: *s'aviser:* remarquer soudain; *extorquer:* obtenir par la violence, la menace; 32: *le don de soi:* renoncement à ses goûts personnels; 33: *le cierge:* longue bougie; *à la dévotion de:* ergeben; *l'ampoule* (f.): Glühbirne; 40: *le remords:* regret, repentir; 43: *s'insurger:* se révolter; 45: *s'effacer:* disparaître; *la bouffée:* Anwandlung; 47: *l'amertume* (f.): tristesse, déception; 48: *le sanglot:* Schluchzer; 51: *le viatique:* aide, secours indispensable; 56: *ficeler:* verschnüren; 58: *la brique:* Ziegelstein; 59: *le skaï:* matériau synthétique imitant le cuir; 63: *méprisable:* qui ne mérite pas d'estime, d'attention; *l'indignité* (f.): Unwürdigkeit; 68: *s'esclaffer:* éclater de rire; 70/71: *la cellulite:* Zellulitis (Orangenhaut); 71: *pincer*: zwicken; *la hanche:* Hüfte; 75: *la réticence:* hésitation; 78: *répugnant, e:* repoussant, dégoûtant; 81: *s'étioler:* devenir pâle, perdre de sa vivacité; 81/82 *le parcours:* chemin; 83: *se recroqueviller:* sich kauern, sich verkriechen; 86: *la cloison:* mur léger séparant les pièces d'une maison

Devoirs

Questions sur le texte

Compréhension du texte

1. Comment Aimery imagine-t-il sa séparation d'avec Pomme? Comment cette séparation se passe-t-elle dans la réalité? 20
2. Caractérisez l'attitude de Pomme dans les relations avec Aimery. Quelle réaction cette attitude provoque-t-elle chez le jeune homme au moment de la séparation? 20
3. Quels sont les effets psychiques de cette séparation sur Pomme? 20

Commentaire de texte

4. Analysez les relations entre la mère et sa fille. 20
5. Pascal Lainé a donné à son roman le titre «La Dentellière» (d'après un tableau célèbre de Vermeer) bien que l'héroïne ne soit pas dentellière, mais coiffeuse. Qu'est-ce que ce titre pourrait symboliser? 10
6. Comparez les deux parties du texte en ce qui concerne la perspective de narration. 10

Commentaire personnel

7. Exposez, en dix phrases environ, vos idées sur **un** des sujets suivants. **40**
   a) «... ils n'étaient pas du même monde.» (l. 8) Discutez dans quelle mesure les différences sociales influencent aujourd'hui les relations entre femmes et hommes.
   b) Dans ce roman, Aimery fait ses études tandis que Pomme travaille pour gagner leur vie. Imaginez les conflits qui peuvent résulter d'une telle situation.
   c) Etes-vous pour ou contre le mariage? Donnez vos raisons.
   d) Comme beaucoup de romans connus, «La Dentellière» a été porté à l'écran. Discutez (à l'aide d'un ou de plusieurs exemples) des problèmes de l'adaptation cinématographique d'une œuvre littéraire.

Grammaire **20**

8. Complétez et modifiez le texte suivant selon les indications données; écrivez en entier le texte modifié en changeant l'ordre des mots là où ce sera nécessaire et en respectant l'accord. Il faut:
   - /1/ mettre le mot entre parenthèses à la forme voulue par le contexte;
   - /2/ ajouter la préposition qui convient;
   - /3/ mettre l'adjectif possessif, le pronom personnel ou le pronom relatif;
   - /4/ remplacer le mot souligné par le pronom démonstratif;
   - /5/ mettre le comparatif;
   - /6/ mettre une autre construction;
   - /7/ remplacer le verbe souligné par la forme du passif qui convient.

Oui, hommes et femmes pensent (différent) /1/ (1)
(Lancer) /1/ vers 1860 par Broca, la controverse ... /2/ le sexe du (2)(1)
cerveau a débuté sur un mode sommairement machiste: jusqu'au début
de ce siècle, les neurologues arguaient de la taille (léger) /1/ plus petite (1)
du cerveau féminin pour conclure à une supériorité intellectuelle du
mâle. A cette théorie simpliste – et (faux) /1/: il n'y a pas de lien ... /2/ (1)(1)
le poids du cerveau et ... /3/ performances – a succédé l'idée selon ... /3/ (1)(1)
le cerveau féminin, moins «latéralisé» que le cerveau /4/ de l'homme, (1)
serait aussi moins capable de séparer raison et émotions. ... /3/ laisserait (1)
à la femme l'intelligence du cœur, mais ... /2/ prix de performances (1)
intellectuelles (peu) /5/ brillantes – du moins lorsqu'il faut faire (1)
travailler un seul hémisphère. C'est encore solliciter à tort les
observations scientifiques pour nourrir les préjugés. Dans les années
70–80, on a ainsi vu fleurir (tout) /1/ une série d'articles qui (1)
justifient /6/ les a priori idéologiques. De l'hypothèse que l'abstraction (1)
nécessite un fonctionnement plus unilatéral du cerveau, on déduisait
(abusif) /1/ que les faibles effectifs de grandes mathématiciennes (1)
s'inscrivaient /7/ dans la biologie. L'intérêt des travaux récents est de (2)
montrer que quoique les différences hommes-femmes (être) /1/ réelles, (1)
elles ne (pouvoir) /1/ pas servir à établir une hiérarchie des intelli- (1)
gences.

D'après: MICHEL DE PRACONTAL, «Oui, hommes et femmes pensent différemment», dans: *Le Nouvel Observateur* numéro 1586 du 30 mars au 5 avril 1995, p. 42.

Version **50**

9. Traduisez le texte suivant.

Après vingt ans de combat, la question s'impose: Alors, heureuses?
Contentes, non. Heureuses, oui. Pas par triomphalisme idiot: ce n'était pas une guerre, juste une révolution. Mais heureuses parce qu'enfin les femmes ont l'air de plutôt bien vivre dans leur peau. Les grands-mères qui ont subi, les filles qui ont lutté, les petites-filles qui dévorent leur liberté neuve comme un gâteau offert, sans savoir ce qu'elle a coûté, sans l'avoir méritée, toutes se retrouvent d'accord sur une image d'elles-mêmes complètement nouvelle. Vous voulez voir? Balayez d'abord toutes les idées reçues, prenez bien votre souffle. A la question: «Que faut-il pour qu'une femme puisse réussir sa vie?», elles répondent à une écrasante majorité, qu'elles aient 15 ou 55 ans: d'abord , un métier. Ensuite, peut-être, un bébé. Et l'homme? Eh bien non, pour 82 % d'entre elles, l'homme au quotidien n'est plus indispensable. En d'autres temps, nos compagnons auraient déclaré la guerre des sexes. Aujourd'hui, ils se contentent de nous faire payer, au prix fort, nos nouvelles libertés.
Payons sans discuter. D'accord, c'est cher: dans le monde du travail, la trilogie bébé-bobo-boulot, les hommes l'ignorent. Pour bosser, pour s'imposer comme tout le monde, les femmes doivent mettre les bouchées doubles. Mais le jeu en vaut la chandelle. Car il faut encore consolider cet édifice fragile.

Extrait de: JOSETTE ALIA, «Alors, heureuses?», dans: *Le Nouvel Observateur* numéro 1361 du 6 au 12 décembre 1990, p. 5.

Propositions de solution

Questions sur le texte

1. A plusieurs reprises, Aimery essaie d'imaginer comment se passera la séparation. Dans la scène qu'il se représente il parle à Pomme sur un ton tantôt sévère, tantôt indulgent et avance toutes sortes d'excuses pour justifier son acte. Il est même prêt à assumer toute la responsabilité de l'échec de leur relation. Ses arguments se résument dans l'idée que la rupture sera la meilleure solution pour tous les deux.
   Quand le moment de la séparation arrive, Aimery ne se soucie guère des sentiments de Pomme, mais lui annonce sèchement qu'il la quittera. Pomme accepte l'inévitable sans montrer d'émotion. Elle prend ses affaires et s'en va.

2. Pomme se sacrifie entièrement pour son amour sans rien demander en échange. Etant incapable d'exprimer ses propres désirs, elle se contente de satisfaire ceux d'Aimery. Mais Aimery ne sait pas apprécier ce sacrifice. Qu'elle se résigne à son sort sans se révolter renforce encore la rancune qu'il éprouve à son égard. Il lui en veut de supporter sa douleur sans le moindre signe de protestation. Il l'aurait moins méprisée si elle avait été moins passive.

3. La rupture fait renaître en Pomme son grand complexe d'infériorité. Se voyant à travers les yeux impitoyables de son ancien amant, elle se trouve si répugnante que le refus d'Aimery lui semble tout à fait justifié. Elle impute la faute de son malheur uniquement à ses propres défauts et commence à se haïr. Convaincue que tout le monde la méprise autant qu'Aimery, elle n'ose plus sortir et s'isole de plus en plus. Le souvenir de la critique d'une ancienne amie qui s'était moquée de sa laideur renforce encore son manque de confiance et la démoralise au point qu'elle devient réellement maladroite et détestable. Toutes ces réactions sont le signe d'une grave dépression nerveuse.

4. La mère semble être pleine de compréhension et de pitié pour sa fille et essaie de soulager sa peine. Elle lui tient compagnie et se promène avec elle pour la distraire. Mais Pomme est incapable d'accepter son aide craignant que la compassion de sa mère ne soit pas sincère. Elle a peur de lui faire honte et d'exciter sa colère. Bien que la mère ne lui reproche rien, Pomme a le sentiment qu'elle la considère comme responsable de ses échecs. Ainsi les deux femmes se font souffrir l'une l'autre. Malgré tous les efforts, la communication entre mère et fille reste impossible.

5. En choisissant le titre «La Dentellière», Lainé fait probablement allusion au rôle social que jouent les femmes du milieu ouvrier. Elles sont forcées de travailler dur et d'accepter ces conditions difficiles sans se plaindre. Malgré les facilités de la civilisation moderne, leur situation générale n'a pas changé.

6. Bien que le texte soit écrit à la 3e personne et fasse semblant d'être objectif et impartial, le narrateur se tient en effet derrière ses personnages, ne nous montrant que ce qu'ils voient et éprouvent. Au début, il est du côté d'Aimery et décrit la séparation telle qu'elle est imaginée et vécue par le jeune homme. A partir de la ligne 57, par contre, il se met à la place de Pomme pour nous faire mieux comprendre ses souffrances.

Commentaire personnel

7. a) D'une part:
   - Les différences de classe traditionnelles n'existent plus.
   - Hommes et femmes sont égaux devant la loi.
   - Beaucoup de femmes gagnent leur vie et sont financièrement indépendantes.
   - Nous vivons dans une société plus ouverte, moins hiérarchisée.

   D'autre part:
   - Des barrières sociales subsistent; ceux qui les surmontent sont toujours en minorité.
   - L'appartenance à une certaine couche sociale empêche souvent le contact avec d'autres groupes sociaux, surtout dans le monde du travail.
   - Les parents s'opposent souvent à ce que leur enfant se marie avec un partenaire «inférieur».
   - L'égalité financière joue toujours un rôle important.
   - Pour bien s'entendre, il importe de partager les mêmes valeurs et le même niveau intellectuel.

   b) Conflits possibles:
   - Rythme de vie: Elle travaille toute la journée tandis que lui n'a pas d'horaire fixe.
   - Problème matériel: Elle ne gagne pas assez pour leur offrir une vie aisée; le manque d'argent peut provoquer des conflits dans la vie quotidienne.
   - Sentiment de dépendance des deux côtés: Il se sent dépendant de l'argent qu'elle gagne; elle peut avoir le sentiment d'être exploitée.

- Problème intellectuel: Ils vivent dans des mondes différents; ils ne peuvent pas développer d'intérêts communs; elle peut se sentir inférieure parce qu'elle n'a pas la même formation.
- Problème de contacts: Il est difficile d'avoir les mêmes amis.

c) Pour:
- plus grande sécurité;
- plus grande responsabilité réciproque;
- situation juridique claire des enfants;
- plus longues perspectives pour organiser sa vie;
- avantages financiers (impôts);
- meilleure intégration sociale.

Contre:
- taux élevé de divorces;
- plus grande liberté personnelle;
- amélioration de la situation juridique de la femme célibataire et des enfants naturels.

d) La littérature et le cinéma sont deux formes artistiques très différentes (langue – image). La littérature laisse plus de liberté à l'imagination que le film. La qualité de la langue disparaît derrières les images. Dans le film, l'action l'emporte sur les idées. Une adaptation réussie peut être considérée comme une œuvre d'art en soi. Exemples individuels.

Grammaire

8. Oui, hommes et femmes pensent différemment
Lancée vers 1860 par Broca, la controverse sur le sexe du cerveau a débuté sur un mode sommairement machiste: jusqu'au début de ce siècle, les neurologues arguaient de la taille légèrement plus petite du cerveau féminin pour conclure à une supériorité intellectuelle du mâle. A cette théorie simpliste – et fausse: il n'y a pas de lien entre le poids du cerveau et ses performances – a succédé l'idée selon laquelle le cerveau féminin, moins «latéralisé» que celui de l'homme, serait aussi moins capable de séparer raison et émotions. Ce qui laisserait à la femme l'intelligence du cœur, mais au prix de performances intellectuelles moins brillantes – du moins lorsqu'il faut faire travailler un seul hémisphère. C'est encore solliciter à tort les observations scientifiques pour nourrir les préjugés. Dans les années 70–80, on a ainsi vu fleurir toute une série d'articles justifiant les a priori idéologiques. De l'hypothèse que l'abstrac-

tion nécessite un fonctionnement plus unilatéral du cerveau, on déduisait abusivement que les faibles effectifs de grandes mathématiciennes étaient inscrits dans la biologie. L'intérêt des travaux récents est de montrer que quoique les différences hommes – femmes soient réelles, elles ne peuvent pas servir à établir une hiérarchie des intelligences.

Version

9. Nach 20 Jahren des Kampfes stellt sich (drängt sich auf) die Frage:
Sind sie nun glücklich? (Na, seid ihr jetzt glücklich?)

Zufrieden, nein. Glücklich, ja. Nicht aus einer dummen Siegerpose heraus: es war kein Krieg, nur eine Revolution. Aber glücklich, weil sich die Frauen endlich ziemlich gut in ihrer Haut zu fühlen scheinen. Die Großmütter, die sich gefügt haben, die Töchter, die gekämpft haben, die Enkelinnen, die ihre neue Freiheit verschlingen wie ein dargebotenes Stück Kuchen, ohne zu wissen, was sie gekostet hat, ohne sie verdient zu haben - alle sind sich einig über ein völlig neues Bild von sich selbst. Wollen Sie (es) sehen? Fegen Sie erst alle vorgefaßten Meinungen weg, halten Sie den Atem gut an. Auf die Frage: "Was braucht eine Frau, um ihr Leben zu meistern?" antworten sie mit überwältigender Mehrheit, ob sie nun 15 oder 55 sind: zuerst einen Beruf. Dann, vielleicht, ein Kind. Und einen (der) Mann? Ach nein! Für 82 % von ihnen ist der Mann im täglichen Leben nicht mehr unentbehrlich. Zu anderen Zeiten hätten unsere männlichen Genossen den Krieg der Geschlechter erklärt. Heute geben sie sich damit zufrieden, uns unsere neuen Freiheiten sehr teuer bezahlen zu lassen.
Zahlen wir ohne Diskussion. Zugegeben, das ist teuer: in der Arbeitswelt wissen die Männer nichts von der dreifachen Belastung Kinder, Küche, Arbeit (Wortspiel nicht übertragbar; bobo = Wehwehchen). Um zu arbeiten, um sich wie alle durchzusetzen, müssen sie doppelt schnell sein (doppelt so viel leisten). Aber das ist den Einsatz wert. Denn dieses wackelige Bauwerk muß erst noch gefestigt werden.

Jacques Sternberg: Le Délégué

Jacques Sternberg, né en 1923 en Belgique, est un cas particulier dans la littérature française. Il a publié une quarantaine de livres de genres très divers dont une douzaine de romans. Mais ce qui l'a rendu populaire, ce sont ses contes, ses textes courts d'un humour parfois très noir dans lesquels il excelle.

Quand il sortit des ateliers où l'on avait passé dix ans à le mettre au point, on le jugea tellement parfait qu'au premier moment on se demanda si vraiment il ne fallait pas lui accorder une carte d'identité et l'inscrire aux assurances sociales.

Mais, après tout, ce n'était qu'un robot.

Physiquement, il n'avait rien de très extraordinaire. Il n'était ni très grand, ni même particulièrement séduisant. Un homme comme beaucoup d'autres, c'est ainsi qu'il avait été conçu. Peut-être pour dissimuler les incroyables capacités dont on avait doté son système cervical? Car ces capacités étaient indéniables et tellement vastes qu'elles posaient un problème nouveau: à quoi allait-on employer ce robot?

Il n'y avait que l'embarras du choix, mais le choix était infini. La société qui l'avait conçu sentit soudain combien la complexité des affaires commerciales était chose relative, car cette société et toutes ses succursales, le robot aurait pu les diriger sans la moindre difficulté. En même temps, il aurait pu assumer la comptabilité générale de tout le réseau de firmes, la direction de tout le personnel, l'ensemble des questions administratives, la responsabilité de tout le secrétariat. Bref, coordonner les quelques centaines de services et les réunir en un seul centre nerveux capable d'envisager n'importe quel problème et de lui donner sans hésiter, non seulement une solution efficace, mais la solution la plus triée sur-le-champ parmi des centaines de solutions.

Mais comme le directeur général de la société se croyait irremplaçable et que chaque responsable d'un service avait la même impression, on décida de considérer ce robot comme s'il avait été un employé normal, ni plus doué ni moins doué qu'un autre.

On décida même de lui faire gravir peu à peu les échelons de la hiérarchie. C'est ainsi que, pour commencer, on le relégua au sous-sol, au rayon de l'expédition. En une seule heure, le robot liquida dix jours de retard, tout le travail de la journée et celui qui était préparé pour le lendemain. On l'envoya au rez-de-chaussée, car on jugea que cet exemple était néfaste pour les manutentionnaires.

D'emballeur, le robot devint secrétaire. Après une demi-heure de travail, il avait terminé le travail de toutes les dactylos, après quoi il se mit à répondre, anticipant avec génie, à des lettres qui n'étaient pas encore arrivées, bâclant sans bavure le courrier des jours à venir.

Le comité d'administration de la société comprit que jamais on ne pourrait employer le robot dans un endroit où il aurait à côtoyer d'autres employés. Il était urgent de l'isoler, sous peine de provoquer à travers tous les services une irrémédiable épidémie d'infériorité.

On fit donc du robot un délégué.

Son travail était complexe, mais bien défini: voyager de ville en ville, faire la liaison entre les diverses succursales de l'affaire, envoyer régulièrement des rapports et, à la rigueur, des suggestions.

Pendant un an, le délégué accomplit son travail. Coordonnant, organisant, rapportant, voyageant, sans prendre une seule heure de repos, sans aucune brisure dans son rythme de piston à penser. Quant aux milliers de suggestions qu'il fit à la direction, elles permirent à la société de tripler son chiffre d'affaires en un mois et de devenir, après quelques mois, un trust dont les ramifications ne pouvaient plus être assimilées par les responsables, bref une affaire colossale qui écrasait ses dirigeants, comme ses directeurs et sous-directeurs, lesquels n'avaient d'autre souci que de se croire à la hauteur, illusion facile à entretenir puisque l'affaire rapportait des milliards et qu'elle semblait se diriger toute seule.

Puis, un jour, on perdit le contact.

On avait envoyé le délégué en Italie, il était bien arrivé, il avait adressé un premier rapport. Puis plus rien. On était sans nouvelles. Et personne ne connaissait son adresse à Rome.

Des mois passèrent.

Les responsables tentèrent de comprendre l'inextricable dédale de complexités inédites que le cerveau du robot avait créé, ils essayèrent de résoudre les problèmes immédiats par le calcul intégral et la chimie verbale, mais en vain. On dut se résoudre à envisager, non seulement une baisse foudroyante du chiffre d'affaires, mais la faillite pour un jour très proche.

Quant au délégué, on le fit rechercher par toutes les polices du monde, par tous les enquêteurs privés, en vain également. On ne retrouva jamais sa trace. On en arriva à imaginer qu'il s'était désintégré ou plus simplement qu'il avait disparu.

Ce qui était faux.

Le robot vivait toujours. À Rome, d'ailleurs. Mais il ne pensait plus aux affaires. Il avait complètement oublié ses fonctions, son rôle, ses responsabilités. Il avait tout oublié.

Il passait toutes ses journées dans la petite salle d'un musée de la capitale. Il venait là dès le matin, il n'en sortait qu'à la fermeture.

Il n'avait plus d'autre but dans l'existence que celui-là.

En effet, il était tombé éperdument amoureux d'une chose qui était là, dans une vitrine de ce musée: une ravissante petite pendule du XVIIIe siècle.

JACQUES STERNBERG, «Le Délégué», dans: *Entre deux mondes incertains*. Nouvelles, Paris (Éditions Denoël) 1985, p.100–103.

Annotations

9: *doter:* équiper; *cervical, e:* qui concerne le cou; 12: *l'embarras* (m.) *du choix:* Qual der Wahl; 14: *la succursale:* la filiale; 16: *la comptablité:* Buchhaltung; 26: *gravir:* monter avec effort; 27: *reléguer:* mettre à l'écart; *le rayon:* domaine particulier; 30: *néfaste:* fatal, nuisible; 31: *le manutentionnaire:* Lagerverwalter; 32: *l'emballeur* (m.): Packer; 34: *bâcler:* faire vite; 35 *sans bavure* (f.): parfaitement exécuté; 37: *côtoyer:* être en contact avec; 39: *irrémédiable:* irréparable; 46: *le rythme de piston:* Kolbentakt; 48: *le trust:* entreprise puissante; 49: *la ramification:* groupement secondaire (Verzweigung); *assimiler:* comprendre; 59: *le dédale inextricable:* unentwirrbares Labyrinth; 60: *inédit, e:* nouveau, original; 62: *foudroyant, e:* vernichtend, ungeheuer; 66: *se désintégrer:* se détruire; 75: *éperdument:* follement; 76: *la pendule:* Pendeluhr

Devoirs

Questions sur le texte

Compréhension du texte

1. Donnez une courte caractéristique du robot. Référez-vous aux lignes 6–11. 10
2. Pourquoi le robot n'obtient-il pas le poste qui correspondrait à ses capacités? 10
3. Décrivez la «carrière» du robot dans l'entreprise et les problèmes qui en résultent. 20
4. Expliquez la phrase suivante dans son contexte: «Il était urgent de l'isoler, sous peine de provoquer à travers tous les services une irrémédiable épidémie d'infériorité.» (l. 37–39) 10
5. Que signifie la disparition du robot pour l'entreprise? 10

Commentaire de texte

6. Comment l'auteur introduit-il son sujet? Commentez le début de la nouvelle. (l. 1–4) 10
7. Par quels moyens stylistiques l'auteur met-il en évidence l'efficacité du travail du robot? (l. 44–53) 10
8. Pourquoi, à vos yeux, le robot choisit-il l'Italie pour s'évader? 10
9. A quoi tient l'effet comique de la fin de la nouvelle? 10

Commentaire personnel 40

10. Exposez, en dix phrases environ, vos idées sur **un** des sujets suivants.
    a) Travailler pour vivre ou vivre pour travailler? Quelle serait votre devise?
    b) L'ordinateur est un instrument utile, à bien des égards dangereusement utile.
    c) Tous à mi-temps? Qu'en pensez-vous?
    d) Où iriez-vous si vous aviez envie de vous évader? Comment vivriez-vous?

Grammaire **20**

11. Complétez et modifiez le texte suivant selon les indications données; écrivez en entier le texte modifié en changeant l'ordre des mots là où ce sera nécessaire et en respectant l'accord. Il faut:
 /1/ mettre le mot à la forme voulue par le contexte;
 /2/ mettre le superlatif;
 /3/ ajouter le pronom relatif;
 /4/ remplacer l'expression soulignée par un pronom;
 /5/ remplacer la construction soulignée par une autre construction;
 /6/ refaire la question sans «est-ce que»;
 /7/ mettre le contraire de «tout».

Depuis quelques années, des procédés électroniques permettent de
réunir très rapidement (tout) /1/ espèce de renseignements. Cette tech- (1)
nique, l'informatique, peut être (bon) /2/ et (mauvais) /2/ des choses (2)(1)
selon l'usage ... /3/ l'on fait de cette technique /4/. Si elle permet /5/ de (1)(1)(2)
considérables progrès, elle peut aussi mettre en danger certaines valeurs
... /3/ notre société libérale est attachée. Il n'est pas douteux, en effet, (2)
que l'utilisation incontrôlée de données personnelles risque de porter
préjudice aux libertés individuelles. Est-ce que la civilisation de
l'informatique ne va pas devenir la civilisation /4/ de l'indiscrétion? /6/ (1)(2)
Aujourd'hui, l'ordinateur a brisé les anciennes protections. Tout est
fiché, ... /7/ est perdu. Voilà ... /3/ paraît insupportable. Aussi faut-il ni (2)(1)
s'abandonner (complet) /1/ à l'ordinateur, ni rejeter l'ordinateur /4/ dans (1)(1)
un mouvement d'horreur. ... /3/ il faut avant tout assurer, c'est la trans- (1)
parence des traitements informatiques. Les citoyens ont le droit d'accès
aux données ... /3/ les concernent. (1)

D'après: DOMINIQUE SIMONNET, «Les enfants de l'ordinateur», dans: *L'Express* du 31 décembre 1982.

Version **50**

12. Traduisez le texte suivant.

La science-fiction

La science-fiction n'est pas considérée simplement comme le divertissement de parfaits petits bricoleurs ou d'esprits irréalistes, mais comme un moyen commode de réfléchir à un certain nombre de problèmes posés par la société contemporaine mais que la censure ou le manque d'imagination du lecteur ne laisserait pas traiter autrement. Lorsque Sternberg imagine, dans «La Sortie est au fond de l'espace», la prolifération des microbes de l'eau devenus soudain géants, il ne fait que rêver logiquement au problème de la pollution de l'eau que dénoncent régulièrement les spécialistes sans jamais réussir à faire peur aux responsables ni aux usagers: la fiction peut être le moyen de sonner l'alarme avec plus d'efficacité.

La France accorde à la S. F. un statut extrêmement ambigu. Celle-ci y est en effet considérée comme un secteur de la littérature enfantine, ou comme une sous-littérature de consommation, à mettre sur les mêmes rayons que les romans d'espionnage ou les mauvais romans policiers. Ou bien alors elle s'y trouve réservée à un petit nombre d'amateurs groupés en clubs pour qui la S. F. est toujours la «découverte» d'un trésor plus ou moins inavouable ...

Extrait de: J. Bersani, M. Autrand, J. Lecarme, B. Vercier, «La science-fiction», dans: *La littérature en France depuis 1945,* Paris (Bordas) 1970, p. 771

Propositions de solution

Questions sur le texte

1. Extérieurement, le robot est un être tout à fait normal, qui ne se distingue en rien de l'homme moyen et qui pourrait passer partout inaperçu. C'est délibérément qu'on l'a construit ainsi pour détourner l'attention des facultés prodigieuses et surhumaines dont on l'a pourvu.

2. A cause de ses capacités extraordinaires le robot est particulièrement doué pour les tâches de direction et de coordination. Mais ce sont les directeurs généraux et les cadres supérieurs eux-mêmes qui lui refusent un tel poste de responsabilité par peur de perdre leur propre influence. Pénétrés de leur importance, ils croient ne pouvoir être remplacés par personne et traitent le robot comme s'ils ignoraient ses talents.

3. On condamne le robot à travailler d'abord au plus bas de la hiérarchie de l'entreprise pour grimper lentement l'échelle des fonctions. Il commence comme simple ouvrier au sous-sol. Après avoir accompli tous les travaux en un rien de temps, il est autorisé à monter d'un étage pour devenir employé dans l'administration et aider les secrétaires. Mais il soulève partout le même problème: il travaille avec une telle efficacité qu'il rend tous les autres superflus.

4. L'exemple du robot exerce une influence maléfique sur les ouvriers et employés. La rapidité surnaturelle avec laquelle il effectue son travail leur donne le sentiment d'être inutiles. Pour éviter que le personnel ne se démoralise et se décourage totalement il est donc nécessaire de séparer le robot des hommes et de lui confier un poste où il travaille seul.

5. En tant que délégué, le robot a créé une entreprise aux structures si complexes que lui seul est capable d'en maîtriser l'organisation. Dès son départ, les directeurs se rendent compte qu'ils n'arrivent pas à diriger une affaire aussi embrouillée. En peu de temps la société florissante sombre dans le chaos et doit subir de grosses pertes financières qui risquent d'entraîner sa ruine.

6. En employant le pronom personnel «il» au début de la première phrase, l'auteur présente au lecteur un personnage sans nom, mais bien déterminé en tant qu'être humain. Pourtant, dans la même phrase, il y a des formules qui

s'accordent mal avec la description d'un homme. Le lecteur, un peu déconcerté, attend une explication. L'auteur arrive ainsi à créer une certaine tension au début du texte.

7. Les effets du travail du robot sont décrits dans deux phrases. La première est caractérisée par une accumulation de participes présents (l. 44/45) désignant les différentes activités du robot et par la répétition du mot «sans» (l. 45), ce qui souligne le rythme accéléré de son travail. La deuxième phrase a une structure très complexe reflétant la complexité de cette «affaire colossale» (l. 50); et elle contient une multitude de termes qui se rapportent au temps et à la qualité et qui mettent en relief la haute rentabilité des efforts du robot.

8. Par la beauté de ses paysages, la douceur de son climat et son art de vivre l'Italie symbolise le pays idéal pour tous ceux qui, surmenés par le stress quotidien et les obligations professionnelles, rêvent d'une vie détendue, exempte de toute contrainte, du fameux farniente italien. Rome, comme berceau de la culture occidentale, offre en plus au robot un univers nouveau opposé à son monde purement technique.

9. L'effet comique de la fin de la nouvelle est dû au contraste. Un automate conçu pour travailler sans émotions découvre ses sentiments. Le robot, l'incarnation de la technologie moderne, s'éprend d'un vieil instrument technique, qui n'a d'autre destination que de plaire.

Commentaire personnel

10. a) Les deux devises ont leurs aspects positifs et négatifs.
Travailler pour vivre veut dire:
- travailler pour gagner l'argent nécessaire pour se nourrir et loger;
- séparer le travail de la vie;
- considérer le travail comme une nécessité, plutôt que comme un moyen de se réaliser;
- vivre, c'est alors se distraire, s'amuser, cultiver ses intérêts, voyager etc.

Vivre pour travailler veut dire:
- le travail est une fin en soi;
- ou bien le travail est si intéressant et important qu'il satisfait tous les besoins (p. ex. travail artistique);
- ou bien on devient l'esclave de son travail et oublie de vivre;
- le travail est alors un moyen d'échapper à d'autres responsabilités.

Conclusion: ni l'une ni l'autre devise n'est la solution idéale.

b) L'utilité de l'ordinateur:
- Il travaille plus vite et d'une manière plus efficace que l'homme.
- Il est capable de résoudre les problèmes les plus complexes.
- Il exécute aussi des tâches monotones.
- Il permet de mémoriser un nombre infini de données et d'entrer en communication avec d'autres systèmes informatiques dans le monde entier.

Les dangers:
- la dépendance de cette technologie;
- la vulnérabilité des systèmes informatiques (virus);
- le problème de la protection des données;
- les pirates de l'informatique;
- la suppression d'emplois;
- l'utilisation à des fins dangereuses: criminalité, espionnage, guerre etc.

c) Pour:
   - meilleure répartition du travail; un emploi pour tous;
   - plus de loisirs pour tout le monde;
   - avantages pour les femmes: concilier vie familiale et activité professionnelle;
   - avantages pour les hommes: plus de temps pour leur famille.

   Contre:
   - salaire insuffisant;
   - Certains postes (des postes de responsabilité surtout) demandent le travail à plein temps.
   - Les coûts sont plus élevés pour les employeurs: sécurité sociale, congés, maternité etc.
   - Le travail à mi-temps ne correspond pas aux besoins de tout le monde; que faire de ses loisirs?

d) Réponses individuelles

Grammaire

11. Depuis quelques années, des procédés électroniques permettent de réunir très rapidement toute espèce de renseignements. Cette technique, l'informatique, peut être la meilleure et la pire des choses selon l'usage que l'on en fait. (Tout) en permettant de considérables progrès, elle peut aussi mettre en danger certaines valeurs auxquelles notre société libérale est attachée. Il n'est pas douteux, en effet, que l'utilisation incontrôlée de données personnelles risque de porter préjudice aux libertés individuelles. La civilisation de l'informatique ne va-t-elle pas devenir celle de l'indiscrétion?
Aujourd'hui, l'ordinateur a brisé les anciennes protections. Tout est fiché, rien n'est perdu. Voilà ce qui paraît insupportable. Aussi ne faut-il ni s'abandonner complètement à l'ordinateur, ni le rejeter dans un mouvement d'horreur. Ce qu'il faut avant tout assurer, c'est la transparence des traitements informatiques. Les citoyens ont le droit d'accès aux données qui les concernent.

Version

12. Science fiction
Science fiction wird nicht einfach als Zerstreuung von wahren kleinen Bastlern oder wirklichkeitsfremden Geistern betrachtet, sondern als ein geeignetes Mittel, um über eine gewisse Anzahl von Problemen nachzudenken, die die zeitgenössische Gesellschaft aufwirft, die jedoch die Zensur oder die mangelnde Phantasie des Lesers nicht anders behandeln ließe. Wenn sich Sternberg in "La sortie est au fond de l'espace" die Ausbreitung der plötzlich ins Riesenhafte gewachsenen Wasserbakterien vorstellt, so tut er nichts anderes als logisch über das Problem der Wasserverschmutzung nachzusinnen, die die Spezialisten regelmäßig anprangern, ohne daß es ihnen je gelingt, den Verantwortlichen oder den Verbrauchern Angst zu machen: die Fiktion kann das Mittel sein, um wirkungsvoller Alarm zu schlagen.
Frankreich räumt der S. F. einen äußerst zweideutigen Status ein. Diese wird nämlich als ein Zweig der Kinderliteratur betrachtet oder als eine Unterabteilung der Unterhaltungsliteratur, die in die gleichen Regale zu stellen ist wie die Spionage- oder die schlechten Kriminalromane. Oder aber sie bleibt beschränkt auf eine kleine Gruppe von Liebhabern, die sich in Clubs zusammentun und für die die S. F. immer (wieder) die "Entdekkung" eines Schatzes bedeutet, den man mehr oder weniger geheimhalten muß.

Mehdi Charef: Le Harki de Meriem

Mehdi Charef est né en Algérie en 1952. Son père, qui travaille en France depuis le début des années 50, fait venir sa famille, et Mehdi Charef grandit dans les cités de transit et les bidonvilles.
Il se fait connaître par son premier roman "Le thé au harem d'Archi Ahmed" (1983) et plus encore par le film qu'il en tire. C'est l'histoire d'un fils d'immigrés et de sa famille dans une cité H. L. M. "Le Harki de Meriem" est publié en 1989. C'est un roman sur les harkis, ces Algériens qui, pendant la guerre d'Algérie, étaient dans l'armée française, et qui, aujourd'hui encore, ne sont acceptés ni par les Français ni par les Arabes (voir version).
Sélim, fils de harki, est de nationalité française, mais il est partagé entre le monde arabe et celui des Français. En faisant des études de droit il croit pouvoir réussir en France. Mais il est assassiné par un groupuscule d'extrême droite. Dans l'extrait suivant, Saliha, la sœur de Sélim, est pour la première fois confrontée à son origine de "harki".

– Sélim, c'est quoi un harki?
– Pourquoi tu me demandes ça?

Elle avait neuf ans quand elle posa la question à son frère. Ses parents l'avaient inscrite dans une colonie de vacances à la Mairie et le règlement ne tolérait que deux enfants étrangers par groupe d'une vingtaine d'enfants français. Les immigrés, désireux d'inscrire leurs enfants à une section, s'alignaient, dès l'aube, en une longue queue devant la porte de la Mairie. Ils venaient par centaines pour douze places. Dans le groupe de Saliha, il y eut trois heureux élus. Un petit Marocain, une petite Tunisienne et elle, Saliha, parce qu'elle est fille de harki, qu'ils disaient, jaloux, les mômes d'immigrés, à la communale.

– Oui, tu es fille de Français, c'est pour ça que tu vas en colo! Ton père il est malin, il a fait la guerre contre nous. Elle fut mise à l'écart et surnommée Harkia. Féminin de harki.
– Va jouer avec tes frères français, lui balançaient les petits immigrés, dès qu'elle s'approchait d'eux à la récré.
– Chez toi, tu manges du porc et tu bois du vin, et le midi t'oses venir à notre table! lui envoyaient les petites Arabes.

Elles la sommaient de quitter la rangée des tables réservées aux musulmans, là où Azzedine, son père, exigeait qu'elle soit. Ne supportant plus les querelles, Saliha s'inventa toute une semaine des maux de ventre pour que sa mère la dispense de cantine.

– C'est pas bon maman, c'est tellement mieux à la maison!

Et Meriem la retira de la cantine.

Enfin, et parce qu'elle n'en dormait plus, elle demanda:
– Maman, c'est quoi un harki?

Accroupie devant le réfrigérateur ouvert, Meriem se raidit brusquement, oubliant ce qu'elle cherchait dans le bac à légumes. Après un long silence et sans se retourner, elle dit:
– C'est quelqu'un qui a eu le courage de tout perdre pour faire vivre sa famille.

Meriem se retourna et regarda sa fille. Saliha n'avait rien compris et ne cherchait pas à comprendre. Pour elle, l'important était que sa maman lui ait donné une réponse où l'on ne sentait ni honte ni remords. De sentir sa mère sûre d'elle la rassura. Elle n'en attendait pas tant. Inquiète, Meriem se redressa. C'était la première fois qu'un de ses enfants prononçait le mot banni:
– Pourquoi cette question?
– Je l'ai lu dans un livre.

Meriem n'alla pas plus loin.

– Sélim, c'est quoi un harki? demanda le même jour Saliha à son frère.

Il était plongé dans ses devoirs, elle finissait les siens.

– J'ai demandé à Maman, mais je n'ai pas compris ce qu'elle a dit, en tout cas elle est fière qu'on soit harki!
– Fière, non, dit Sélim, de quatre ans son aîné. Elle n'a pas honte d'être femme de harki, c'est différent!
– Mais c'est quoi un harki?
– C'est un Arabe qui, pendant la guerre entre les Français et les Algériens, s'est battu contre les Arabes.
– Contre nous! Pourquoi?

Elle avait eu un choc. Elle revoyait le graffiti sur le mur de l'école: «Les Arabes dehors.»

– Peut-être parce qu'il pensait que pour son pays un gouvernement français c'était peut-être mieux! supposa Sélim.
– Alors Papa n'aimait pas les Arabes?

Elle pensa à son institutrice: «Les Arabes ce n'est que des problèmes. Ils n'arrivent pas à suivre et du coup ils freinent les autres élèves.» C'était ce que Mademoiselle Le Goff avait dit un jour en classe. Saliha s'était sentie visée, et elle pensa que son père avait peut-être les mêmes raisons d'en vouloir aux Arabes: ne voulait-il pas qu'elle soit la première?

– Mais si, Papa aime les Arabes, puisque nous le sommes! Je pense que ce qu'il voulait, c'était que les Français restent en Algérie avec les Arabes, pour travailler ensemble.
– Alors pourquoi à l'école Zahia et Nourredine ne veulent plus jouer avec moi?
– Parce qu'ils sont jaloux que tu partes en colo et pas eux!

Ce que Sélim savait des harkis, c'est son maître de l'école coranique, Si Ali, qui le lui avait appris. Azzedine avait inscrit son fils en cours du soir en vue de lui donner aussi une éducation musulmane. Là ses petits copains le surnommaient «le Français» et, pendant la pause, les coups de poing étaient fréquents.

– Ould harki! fils de harki, si tu veux jouer au foot avec nous tu seras dans les buts. Devant y'a pas de place pour toi.

Et Sélim retroussait ses manches, crachait dans ses pognes. L'intégriste de maître les séparait.

– Si Ali, c'est quoi un harki?

Le maître lui avait répondu:
– T'occupe pas d'eux, ce sont des idiots, applique-toi à ton travail, je connais ton père, c'est un brave homme.

Coincé toute sa vie entre le rejet d'une communauté française et les insultes de l'autre, l'algérienne, Sélim se frayait un chemin à coups de poing. Jamais il ne se plaignait et toujours il cherchait à distancer ceux qui le narguaient. Premier en tout, et regrettant de ne pas en savoir davantage, inquiet d'être rattrapé par la meute. Seul contre tous, c'était sa force. Il étudiait sans cesse et marchait droit, le front bien haut pour se sentir grand, un peu plus grand que les autres. Seul. Il aimait cette sensation, être fort et seul, sans craindre personne. Car il irait trop loin pour que les moqueurs le rejoignent. Et plus il se séparait des autres, plus il prenait du plaisir.

Extrait de: MEHDI CHAREF, *Le Harki de Meriem*, Paris (Mercure de France) 1989, p. 42 – 46.

Annotations

1: *un harki:* cf. introduction; 6/7: *s'aligner:* se ranger sur la même ligne; 7: *dès l'aube:* de très bonne heure; 10: *le môme* (fam.): enfant; 11: *la communale:* l'école communale;13: *malin, maligne:* schlau, gerissen, böse; *mettre à l'écart:* isoler; *surnommer:* donner un surnom (Beinamen); 15: *balancer:* lancer; 19: *sommer qn de faire:* demander à qn de façon impérative de faire qc.; *la rangée:* Reihe; 22: *dispenser de:* befreien von; 27: *s'accroupir:* sich niederhocken, kauern; *se raidir:* devenir raide ou tendu; 28: *le bac à légumes:* Gemüsefach; 34: *la honte:* Scham; *le remords:* Gewissensbiß; 36: *bannir:* condamner, chasser; 58: *viser:* chercher à atteindre, avoir en vue; 69: *le coup de poing:* Fausthieb; 73: *retrousser ses manches* (f.): die Ärmel hochkrempeln; *la pogne* (fam.): la main; *l' intégriste* (m.): Fundamentalist; 77: *s'appliquer à:* mettre tout son soin à faire; 79: *coincer:* mettre dans l'impossibilité d'agir; 80: *se frayer:* tracer, ouvrir (un chemin); 81: *distancer qn:* dépasser qn; *narguer:* verhöhnen, trotzen; 86: *le moqueur:* qui se moque (Spötter)

Devoirs

Questions sur le texte

Compréhension du texte

1. Pourquoi et à quelle occasion Saliha est-elle appelée «Harkia»? 10
2. Comment les enfants manifestent-ils leur agressivité vis-à-vis de Saliha? 10
3. Comparez les réponses que la mère et le frère donnent à la question de Saliha: «... c'est quoi un harki?» (l. 26, l. 40, l. 46) 20
4. Par quel argument Sélim explique-t-il le fait que son père était harki? 10
5. Comment Sélim essaie-t-il de surmonter les difficultés provenant de sa situation de fils de harki? 10

Commentaire de texte

6. Pourquoi la situation des harkis en France est-elle encore plus difficile que celle des immigrés? 10
7. Comparez les attitudes de l'institutrice et du maître de l'école coranique vis-à-vis d'une minorité. (l. 55/56, l. 77/78) 10

Commentaire personnel 40

8. Exposez, en dix phrases environ, vos idées sur **un** des sujets suivants.
   a) L'Islam est aujourd'hui la deuxième religion en France. Discutez-en les conséquences.
   b) La mère de Saliha n'avait jamais parlé à sa fille de sa situation de harki. Pensez-vous que les parents devraient informer leur enfant d'une situation familiale exceptionnelle (père inconnu, adoption etc.)?
   c) Devrait-on accorder aux enfants d'immigrés nés en Allemagne la nationalité allemande?
   d) Mettez-vous à la place d'un(e) jeune Turc(que) vivant en Allemagne et imaginez sa vie entre deux identités.

Grammaire **20**

9. Complétez et modifiez le texte suivant selon les indications données; écrivez en entier le texte modifié en changeant l'ordre des mots là où ce sera nécessaire et en respectant l'accord. Il faut:
/1/ remplacer la phrase soulignée par une autre construction;
/2/ mettre le verbe à la forme voulue par le contexte;
/3/ mettre le pronom personnel, adverbial, possessif ou relatif;
/4/ construire la phrase sans «est-ce que».

Branchez-vous sur Beur-FM
Depuis 1981, un petit coin de Maghreb qu'on nomme /1/ Beur-FM s'est (1)
constitué sur les ondes hertziennes. Et tous les nostalgiques de
l'Afrique du Nord, qu'ils (être) /2/ musulmans ou juifs, immigrés ou (1)
non, ont pris l'habitude de se donner rendez-vous sur Beur-FM /3/. (1)
(Créer) /2/ sous le nom de Radio-Beur, la petite station pirate, que (2)
financent aujourd'hui la pub et les collectivités locales /1/, est devenue (2)
grande.
«Lorsque nous avons fondé /1/ Radio-Beur, dit Nasser Kettane, nous (2)
voulions donner la parole aux Maghrébins de France et mobiliser les
Maghrébins /3/ contre le racisme. Depuis, les mentalités ont évolué. (1)
L'intégration des Maghrébins est loin de (acquérir) /2/, mais la nouvelle (2)
génération semble plus sereine que notre génération /3/. Pourtant, nous (1)
sommes inquiets. Est-ce que la dégradation de la situation sociale ne
risque pas de réveiller les vieux automatismes de l'intolérance? /4/ (1)
Plus que jamais, il faut que Beur-FM (répondre) /2/ par des émissions (1)
(consacrer) /2/ aux problèmes quotidiens de ses auditeurs. Nous (2)
tentons, pour ranimer le sentiment identitaire de la communauté,
d'apporter une réponse culturelle au désarroi ... /3/ profitent les inté- (1)
gristes. Même chez les jeunes beurs, ce sentiment est très fort. Mais
comme la société l'a longtemps nié /1/, ils l'ont refoulé.» (2)

D'après: Sylvie Véran, «Branchez-vous sur Beur-FM», dans: *Le Nouvel Observateur*, décembre 1993, p. 13.

Version **50**

10. Traduisez le texte suivant.

Plus de trente ans après que les harkis eurent définitivement franchi la Méditerranée, leurs enfants, nés en France, n'en finissent pas de digérer le destin. Le temps – plus d'une génération! – n'aura pas suffi pour en faire, à leurs yeux, ni, pensent-ils, à ceux d'autres, des citoyens français à part entière.

La plupart des 420 000 à 450 000 personnes qui constituent l'ensemble des familles d'origine harki – la statistique, imprécise, de trois générations – habitent aujourd'hui des cités périphériques. Et, si la révolte des fils, succédant à celle des pères, qui voulaient vivre dans des conditions décentes, trouve ses racines dans la rancœur familiale, elle s'apparente aussi au mal du béton: une lourde addition d'échec scolaire, de chômage, de petite délinquance, sur quoi les divers plans gouvernementaux, depuis quinze ans, ont eu peu de prise. Une intégration ratée, paradoxale pour qui est né en France. Une identité floue, brouillée par l'assimilation, physique et sociale, avec les immigrés de la seconde génération.

Faudra-t-il encore trente ans pour que, sans faire offense à la mémoire, les harkis trouvent enfin leur place: celle qui leur revient dans les pages des dictionnaires et des livres d'histoire?

Extrait de: SYLVIANE STEIN, «Harkis: la colère en héritage», dans: *L'Express* du 9 août 1991, p. 10.

Propositions de solution

Questions sur le texte

1. Lors de l'inscription à la colonie de vacances, Saliha est acceptée bien que le taux d'étrangers soit très limité. Les autres enfants arabes, envieux de ce traitement de faveur, lui reprochent d'être fille de harki (c'est-à-dire de nationalité française) et l'appellent «Harkia», ce qui est une insulte assez grave.

2. A l'école, les enfants d'immigrés excluent Saliha de leurs jeux; ils lui reprochent de se comporter chez elle comme une Française qui mange du porc et boit de l'alcool. C'est pour cela qu'ils ne lui permettent pas de manger à leur table à la cantine.

3. La mère donne une réponse évasive et assez vague pour ne pas choquer sa fille. D'après ce qu'elle dit, on pourrait presque croire qu'un harki est un héros qui s'est sacrifié pour sa famille.
   La réponse de Sélim est beaucoup plus nette et objective. Il donne une définition qui explique le rôle des Harkis pendant la guerre d'Algérie. Au contraire de sa mère, Sélim n'essaie pas d'embellir la réalité.

4. Pour justifier le fait que son père a lutté du côté des Français, Sélim trouve une raison plausible. D'après Sélim, son père est devenu harki parce qu'il favorisait un gouvernement français en Algérie. Il croyait à la collaboration entre Français et Algériens et ne voulait pas que les Français soient chassés de son pays.

5. Sachant qu'il est méprisé aussi bien par les Français que par les Algériens, Sélim ne cherche le contact avec personne. Il essaie de se défendre contre les attaques (de ceux qui lui sont hostiles); il fait tout pour être supérieur aux autres et poursuit ses études avec application. Ainsi il espère devenir invulnérable.

6. Les harkis ne sont acceptés ni par la communauté arabe ni par la population française. Les Algériens les considèrent comme des traîtres qui se sont battus contre les leurs, et aux yeux des Français, ils sont restés des étrangers malgré leur passeport français. Ils n'ont de racines nulle part.

7. L'institutrice est ouvertement raciste. Elle est convaincue que les élèves arabes provoquent sans cesse des difficultés et empêchent les petits Français de bien travailler. Le maître de l'école coranique, par contre, est un homme tolérant qui rejette les idées reçues. Ce qui compte pour lui, c'est le caractère d'un homme et non pas son appartenance ethnique.

Commentaire personnel

8. a) Ce qui est nécessaire pour assurer la coexistence paisible:
   - accepter les rites des musulmans: les heures de prière, le ramadan, les habitudes alimentaires, le port du foulard etc.
   - faciliter la pratique de la religion: permettre la construction de mosquées et d'écoles coraniques, adapter les repas des cantines etc.

   Ce qui provoque des conflits:
   - des attitudes intolérantes des deux côtés (ex.: l'affaire du foulard);
   - l'influence croissante des intégristes;
   - la revendication du droit islamique.

   b) Oui: Un enfant a droit à la vérité et doit connaître son origine, son identité. D'éventuelles informations venant de l'extérieur pourraient causer un grave choc psychique. Une atmosphère de confiance est nécessaire pour qu'un enfant puisse grandir en sécurité. Mais il faut:
   - tenir compte de l'âge de l'enfant;
   - préparer l'enfant avant de lui révéler toute la vérité;
   - l'aider à vivre la nouvelle situation;
   - être préparé à des réactions inattendues et agressives;
   - être prêt à accepter l'aide d'un expert, d'un psychologue.

   c) Contre:
   L'appartenance à la nationalité allemande dépend du droit du sang. Les hommes politiques ont peur que le droit de vote donne trop de pouvoir politique aux étrangers. Ils craignent aussi l'influence des groupes extrémistes dirigés par leurs pays d'origine.
   Pour:
   Le droit du sang est périmé dans un monde multi-culturel. Les étrangers qui sont nés et qui travaillent en Allemagne devraient avoir les mêmes droits que les nationaux. La nationalité allemande est une condition nécessaire à l'intégration.

d) Problèmes familiaux: conflit des générations; obligation pour la fille d'origine musulmane d'épouser un musulman; opposition de valeurs différentes; problème du bilinguisme, déchirement entre les cultures; sentiment de déracinement.
Problèmes sociaux: formation souvent insuffisante; difficultés sur le marché du travail; problèmes de communication avec les Allemands; sentiment d'infériorité.

Grammaire

9. Branchez-vous sur Beur-FM

Depuis 1981, un petit coin de Maghreb nommé Beur-FM s'est constitué sur les ondes hertziennes. Et tous les nostalgiques de l'Afrique du Nord, qu'ils soient musulmans ou juifs, immigrés ou non, ont pris l'habitude de s'y donner rendez-vous. Créée sous le nom de Radio-Beur, la petite station pirate financée aujourd'hui par la pub et les collectivités locales est devenue grande.
«En fondant Radio-Beur, dit Nasser Kettane, nous voulions donner la parole aux Maghrébins de France et les mobiliser contre le racisme. Depuis, les mentalités ont évolué. L'intégration des Maghrébins est loin d'être acquise, mais la nouvelle génération semble plus sereine que la nôtre. Pourtant, nous sommes inquiets. La dégradation de la situation sociale ne risque-t-elle pas de réveiller les vieux automatismes de l'intolérance? Plus que jamais, il faut que Beur-FM réponde par des émissions consacrées aux problèmes quotidiens de ses auditeurs. Nous tentons, pour ranimer le sentiment identitaire de la communauté, d'apporter une réponse culturelle au désarroi dont profitent les intégristes. Même chez les jeunes beurs, ce sentiment est très fort. Mais la société l'ayant longtemps nié, ils l'ont refoulé.»

Version

10. Mehr als 30 Jahre, nachdem die Harki das Mittelmeer endgültig überquert haben, haben ihre in Frankreich geborenen Kinder ihr Schicksal immer noch nicht verdaut (sind ihre ... Kinder immer noch mit der Aufarbeitung ihres Schicksals beschäftigt). Die Zeit – mehr als eine Generation – hat nicht gereicht, um aus ihnen in ihren Augen und, wie sie meinen, in den Augen der anderen, vollwertige französische Staatsbürger zu machen.
Die meisten der 420 000 bis 450 000 Personen, die die Gesamtheit der Harki-Familien ausmachen – die (ungenaue) Statistik von drei Generationen –, leben heute in den Randbezirken der Großstädte. Und wenn die Auflehnung der Söhne, die der der Väter, die unter anständigen Bedingungen leben wollten, folgt, ihre Wurzeln in der familiären Verbitterung hat, so hat sie auch mit dem Übel des Beton-Ghettos zu tun: eine lange Liste von Schulversagen, Arbeitslosigkeit, Kleinkriminalität, wogegen die verschiedenen Maßnahmen der Regierung seit 15 Jahren wenig ausgerichtet haben. Eine verpaßte (mißglückte) Integration, paradox für den, der in Frankreich geboren ist. Eine unklare Identität, die noch dadurch verwischt wird, daß die Harki aussehensmäßig und gesellschaftlich mit den Gastarbeitern der 2. Generation gleichgesetzt werden.
Braucht es noch einmal 30 Jahre, bis die Harki – ohne daß man der Erinnerung unrecht tut – endlich ihren Platz finden, der ihnen in den (Seiten der) Lexika und Geschichtsbücher(n) zukommt?

(Bitte blättern Sie um)